KB111995

변호사세요?
유튜버세요?

변호사세요? 유튜버세요?

발행일	2020년 12월 3일		
지은이	배승희		
펴낸이	손형국		
펴낸곳	(주)북랩		
편집인	선일영	편집	정두철, 윤성아, 최승헌, 배진용, 이예지
디자인	이현수, 한수희, 김민하, 김윤주, 허지혜	제작	박기성, 황동현, 구성우, 권태련
마케팅	김회란, 박진관, 장은별		
출판등록	2004. 12. 1(제2012-000051호)		
주소	서울특별시 금천구 가산디지털 1로 168, 우림라이온스밸리 B동 B113~114호, C동 B101호		
홈페이지	www.book.co.kr		
전화번호	(02)2026-5777	팩스	(02)2026-5747
ISBN	979-11-6539-491-2 03000 (종이책)		979-11-6539-492-9 05000 (전자책)

이 도서의 국립중앙도서관 출판예정도서목록(CIP)은 서지정보유통지원시스템 홈페이지(http://seoji.nl.go.kr)와
국가자료공동목록시스템(http://www.nl.go.kr/kolisnet)에서 이용하실 수 있습니다.
(CIP제어번호: CIP2020050993)

80만 구독자의 배승희 변호사가 말하는 유튜버의 허와 실

변호사세요?
유튜버세요?

배승희 지음

온 가족이 유튜버를 꿈꾸는
'1인 크리에이터' 시대

북랩 book

스마트폰의 보급으로 우리의 삶은 완전히 달라졌다. 거실에 있는 대형 TV를 통해 뉴스를 보기보다는 내 손 안의 스마트폰에 깔린 '유튜브'를 통해 뉴스를 본다. 그뿐만 아니다. '네이버' 검색창에 검색하기보다 유튜브 검색을 통해 정보를 얻는다. 패러다임이 완벽히 변했다.

"엄마! 나 유튜브 크리에이터 될 거야! 먹방으로 한 달에 수입 몇천만 원씩 올릴 수 있대!"

"뭐? 유튜브를 한다고? 쓸데없는 소리 말고 공부나 해."

"아니야. 공부할 필요 없어. 대학 가 봤자 소용없어! 지금부터 유튜브 하는 게 나아!"

"아니, 얘가 무슨 소리 하고 있어."

"엄마도 유튜브 하루 종일 보잖아!"

"이건 엄마가 뉴스 대신 보는 거지. 이거랑 똑같아?"

"엄마도 보면서 왜 그래. 다른 엄마는 아기 때부터 유튜브로 찍어서 강남 건물도 샀대."

"아니, 그래서 너도 유튜브로 강남 건물 사려고?"

"나라고 못 할 거 없지. 대학 가는 것보다 낫지."

아이들은 태어나서 엄마가 틀어 주는 스마트폰의 유튜브를 통해 영상을 접한다. 엄마들은 아이 공부를 위해서 유튜브를 검색해 정보를 제공한다. 유튜브 없이 아이를 키울 수가 없는 것이다. 그러니 아이들은 지겨운 공부를 하기보다는 흥미로운 유튜버가 되겠다고 한다.

직장을 다니고 있는 아빠들도 마찬가지다. 직장을 그만두고 유튜버로 전향한 주변 동료를 보면 '나도 유튜브를 해 볼까?'라는 생각이 든다.

어르신들은 "요즘 공중파 뉴스 안 봐요! 오직 유튜브로만 봐요."라는 말을 입에 달고 사신다. 뉴스 대신 정치 유튜브만을 본다는 것이다. 더 나아가 유튜브 영상을 단톡방에, 밴드에 올리며 열혈 구독자로 활동하기도 한다.

최근 나조차도 사람들을 만나면 '변호사'라는 직업보다 '채널 두 개를 운영하는 유튜버'로 불리고 있다. 내가 먼저 유튜버라고 하기 전에 아이를 둔 엄마들은 먼저 아이들에게 "엄마 이렇게 유명한 유튜버 알고 있어."라고 아이들에게 자랑하고, 직장 동료 변호사들은 자기 고객이나 지인들에게 나를 소개할 때 "구독자가 80만 가까이 된대요." "채널이 2개나 있대요."라며 유튜버 변호사로 소개한다. 어르신분들은 아직까지는 변호사로 부르곤 하지만 유튜브의 영향력으로 인해 내 직업도 변화하고 있는 것을 느끼고 있다.

우리 삶은 유튜브를 중심으로 변화하고 있다. 학생들만 집중해서 봐도 미래의 일이라고 여겨졌던 원격 수업이 초, 중, 고등학교부터 대학교까지 이뤄지면서 학교에 가지 않는 '홈 에듀케이션'의 시대가 도래하였다. 대학 무용론까지 등장한 상황에서 우리 아이에게 과거 방식으로 책상에 앉아서 공부만 열심히 하라고 할 수 있을까? 대학을 보낸 뒤에 직장을 가질 수나 있을까?

엄마들은 아이에게 유튜브를 보여 주지 않을 수 없고 한편으로는 마음에 죄책감이 들기도 한다. 책을 읽혀야 하는데 유튜브를 켜 놓아야 하니 어떻게 할 방법이 없다. 그렇지만 다가올 미래에는 또 다른 변화가 있을 것인데 마냥 과거의 방식으로 아이를 키울 수도 없다. 엄마의 고민은 끝이 없다.

아빠들의 고민도 다르지 않다. 직장이 하루아침에 없어지기도 하고 강제 퇴직으로 직장을 잃기도 한다. 다른 회사에 이직을 하려고 해도 일자리 자체가 줄어 갈 곳이 없다. 특별한 기술을 가진 것도 아닌데 아내와 자라는 자식을 책임지려면 돈을 벌어야 한다. 유튜브가 그 해답이 될까?

변호사를 시작한 지 10년이 다 돼 간다. 그사이 변호사 업계도 많은 변화가 있었다. 사회가 변화함에 따라 세대별 고민도 달라진다. 유튜브를 통해 얻은 나의 생각과 고민들을 구독자 여러분들과 함께 나누고자 이 책을 쓰게 됐다. 조금이나마 구독자분들에게 도움이 되었으면 하는 바람이다.

유튜브가 뭐길래? … 5

1. 나도 유튜브 시작해 볼까?

월급 받아도 남는 게 없어요. 지금은 투잡 시대 … 15

아이도, 엄마도, 아빠도 유튜버를 꿈꾼다! … 19

변호사인 내가 왜 유튜브를? … 25

구독자 1,000명과 시청 시간 4,000시간을 채워라! … 29

여고 동창의 은밀한 대화! … 32

팝콘각의 탄생! … 38

유튜버로 소개된 배승희 변호사, 뉴스에 왜? … 44

유튜브 취재가 종편 뉴스로? … 49

KBS 노조까지 감동! 박영선 장관 일본 도쿄 집을 찾아라! … 56

제목을 뭐로 하지? "따따부따로 해요 그냥" … 68

유튜브로 남편을 찾았어요! … 80

배 변호사님, 변호사세요? 유튜버세요? … 90

2. 직장이 없는 시대

배 변호사님, 남편 직업이 유튜버예요? … 97

넓은 집이 필요해요 … 102

온라인으로 이동하는 사업들 … 106

변호사 vs 의사 … 110

코로나로 사라진 일자리, 회복 가능? … 114

꿈의 직장 '마사회'도 눈물의 비상경영 … 117

3無 취준생, 차라리 군대에 있자? … 120

3. 교육의 패러다임이 바뀐다

영화가 현실로 - 전 세계가 동시에 문을 걸어 잠궜다 … 127

코로나바이러스가 대학 입시까지 미룬다? … 131

학교 교육의 변화 … 135

고3은 완전히 망했다? … 140

자기주도학습의 대세와 포스트코로나 … 144

1020 줌 스트레스? … 149

학교 친구 사귈 수 있을까? 인맥이 중요한 사회가 온다 … 153

대학 간판, 필요해? … 157

엄마, '잠뜰' 알아? '도티'는? … 161

4. 엄마, 나 공부 안 해도 돼?

선생님이 자꾸 유튜브를 보라고 해요 ⋯ 167

유튜버에 열광하는 아이들! 아이돌보다 좋아하는 이유 ⋯ 171

유튜브, 누구나 성공할까? ⋯ 176

유튜버가 되고 싶은 우리 아이 ⋯ 180

성공한 유튜버의 뜻밖의 고민 ⋯ 186

구독자와 조회수, 어떻게 늘지? ⋯ 192

유명 유튜버들의 몰락 ⋯ 197

새로운 패러다임을 맞이하며 ⋯ 202

1. 나도 유튜브 시작해 볼까?

월급 받아도 남는 게 없어요,
지금은 투잡 시대

"회사가 제 인생 책임지나요? 언제든지 회사를 떠날 수 있어요."

평생직장이 사라지고 있다. 직장인들은 회사가 나를 보호해 주지 않는다고 생각하고 언제든지 다른 직장을 구할 수 있다고 한다. 실제로 주 52시간 근무제의 영향으로 근무 시간이 줄어들자 여가 시간을 갖는 직장인보다 퇴직 이후의 삶을 대비하기 위해 또 다른 직업을 알아보는 직장인이 많아졌다. 대기업에 다니는 직장인들은 주 52시간 근무제 도입으로 여유 시간이 생긴 것은 좋지만, 오히려 야근 수당이 줄어 투잡(two job)을 하지 않으면 매달 나가는 생활비를 감당할 수 없다고 한다.

한 연구 기관에서 발표한 내용에 따르면 "고용불안이 심화되고 퇴직과 퇴사가 빨라지면서 그 이후의 삶에 대비하기 위해 직장인들이 N잡러(여러개의 직업)를 자처하고 있다."고 했다. 두 개 이상의 직업을 갖는 직장인이 많아졌다는 이야기다. 특히 코로나19 사태로 다수의 직장인은 위기 상황에서의 희망퇴직, 구조조정, 무급휴직 가능성을 경험했다.[1]

실제로 코로나19 사태로 비자발적으로 쉬게 된 일부 직원들은 회사 내 겸직 금지 규정이 있음에도 취업준비생을 대상으로 한 과외, 유튜브 방송, 인스타그램을 통한 물건 판매에 나서며 적극적으로 투잡 시대에 뛰어들고 있다. 특히 요즘 젊은 직장인들은 대학교 등록금 명목으로 받은 학자금 대출을 떠안은 채 직장 생활을 시작하는데, 생각만큼 임금이 오르지 않고 근무 시간도 단축돼 일을 하고 싶어도 할 수가 없어 평균 월수입이 적어 답답하다고 한다. 그러나 비단 직장인만 투잡을 뛰는 게 아니다. 코로나19 이후 자영업자가 직원 월급을 주기 위해 알바를 하는 경우도 있다.

서용구 숙명여대 교수는 언론과의 인터뷰에서 "투잡 현상은 곧 일반화될 것"이라고 했다. 앞으로는 정규직보다 다양한 형태의 채

---

1 "회사가 내 인생 책임져주지 않아… 투잡은 미래 준비 위한 자기계발·자아실현", 이코노미조선, 2020. 6. 29. 354호.

용이 이루어지기 때문에 평생직장은 더 이상 없는 프리랜서 이코노미(freelance economy) 시대가 열린다고 전문가들은 분석하고 있다. 미국 등 선진국에서는 이미 대기업이 직접 채용을 줄이고 외주를 통한 간접 고용과 프리랜서와의 단기 고용을 늘리고 있다. 기업들이 정규직을 줄이고 전문가를 직접 고용하면서 프리랜서 이코노미 시대는 급속화될 것이라는 전망이 우세하다.[2]

앞으로는 기업에 정규직으로 취직하지 않더라도 선택할 수 있는 직접이 더 유연하고 다양한 형태로 넓어질 것이다. 점점 좁아지는 취업문을 뚫는 대신 자기 고용을 시도하는 기회가 많아지고 시간제 근무나 프로젝트 등의 형태로 여러 기업과 동시에 일을 하는 프리랜서나 멀티잡(multi-job) 직업인들이 많아질 것이다.

직장을 다니면서 손쉽게 투잡을 시작해 볼 수 있는 플랫폼도 생겨나고 있다. 온라인 강의 플랫폼 '클래스101'도 그중 하나다. 크리에이터가 다양한 분야의 취미 강의 동영상을 올리면 그에 필요한 준비물을 제공하는데 일러스트, 홈 트레이닝, 요리 등 다양한 분야의 클래스가 운영 중이다. 기존 오프라인 취미 강좌와 달리 클

---

2 "회사가 내 인생 책임져주지 않아… 투잡은 미래 준비 위한 자기계발·자아실현", 이코노미조선, 2020. 6. 29. 354호.

래스101의 수강생들은 한 번의 구매로 모든 준비물을 제공받아 언제 어디서나 취미를 즐길 수 있어 최근 인기를 끌고 있다. 크리에이터는 자신의 능력을 공유하면서 수익을 얻을 수 있어 상호간 이익이 되는 구조이다.

온라인 플랫폼을 통해 자신이 가진 능력을 공유하면서 돈을 벌 수 있는 이러한 형태의 투잡은 더욱 가속화될 것이다.

아이도, 엄마도, 아빠도
유튜버를 꿈꾼다!

코로나19 사태 이후 유튜브는 최고의 호황기를 맞았다. 영화, 드라마 등을 제공하는 플랫폼인 넷플릭스도 폭발적으로 가입자가 늘었지만 유튜브는 무료로 동영상을 볼 수 있기에 그 성장세가 더욱 가파르다. 최근 들어 기존에 공중파를 통해 뉴스 등을 접해 온 시청자들도 TV보다 유튜브를 더욱 선호하게 되었다고 한다. 코로나로 인해 집에 머무는 시간이 길어지면서 가족들도 각자 스마트폰을 통해 방해받지 않고 영상을 즐길 수 있기 때문이다.

유튜브는 주로 젊은 세대가 이용하는 것으로 알려져 있지만 이용자와 사용자가 폭발적으로 늘면서 콘텐츠가 다양해지고 그 덕분에 다시 이용자층도 넓어지고 있다. 이처럼 이용자와 사용자가 많아지고 유튜브 앱 접속 시간이 길어지면서 동영상을 접한 대부분의 시청자는 자연스럽게 '나도 한번 유튜브 동영상을 만들어 볼까?'라는 생각을 하게 된다.

실제로 성인 남녀 10명 중 6명이 유튜버를 하고 싶어 한다는 설문조사가 결과가 나왔다. 구인구직 매칭 플랫폼 '사람인(대표 김용환)'이 성인남녀 3,543명을 대상으로 조사한 결과, 63%가 유튜버 도전 의향을 밝혔다. 연령대별로 20대가 70.7%로 가장 높았고, 30대 (60.1%), 40대(45.3%), 50대 이상(45.1%) 순으로 나타나 전 연령층이 유튜버를 하고 싶어 했다.[3]

유튜브를 하고 싶어 하는 가장 큰 이유는 다름 아닌 '광고 수익' 때문이다. 네이버 블로그는 자신만의 정보를 무료로 제공하고 블로그 자체가 유명해지면 그때부터 업체로부터 협찬을 받아 소정의 수고료를 받는 방식이었다면, 유튜브는 이용자가 자신만의 동영상을 올리면 그 자체로 구글로부터 특별한 제재 없이 광고 수익을 얻는 방식이다.

유튜브를 처음 접해 보는 사람이 가장 놀라는 것이 유튜브 광고

---

3 성인 63% "유튜버 도전 생각 있다"… 기대수입 월 396만원, 파이낸셜뉴스, 2020. 10. 21.

수익이 생각보다 높다는 것이다. 한때 유튜브에서는 유튜버가 자신이 구글로부터 받는 광고 수익을 공개하는 영상이 유행했는데, 이러한 영상을 접한 일반인들도 광고 수익이라는 것을 알게 되면서 유튜브에 대한 관심이 높아지기 시작했다. 이러한 수익 공개 영상으로 인해 네이버에서 활동하던 유저들이 유튜브로 옮겨 가게 되었고 이때부터 폭발적으로 이용자가 늘어나게 되었다.

유튜브를 시작하는 사람이 많아지면서 유튜브 자체에도 변화가 생겼다. 바로 광고 게재와 관련된 요건이 강화되었다는 것이다. 2018년경 '구글코리아'는 유튜브 광고 규정을 변경해 기존에 없던 새로운 기준을 만들었다. 즉, 유튜브에서 동영상을 올려 수익을 받기 위해서는 구독자 1,000명을 채우는 것과 동시에 시청 시간 4,000시간을 채워야 한다.

언뜻 보면 별것 아닌 것처럼 보이는 이 규정은 유튜브에 뛰어든 많은 사람을 실망케 했다. 시청 시간 4,000시간을 분으로 환산하면 24만 분인데 이 시간을 채우기 위해서는 5분짜리 영상이 300개 정도는 있어야 하고, 영상을 보는 지속 시간도 40% 정도를 넘어야 한다.

처음 시작하는 유튜버들은 구독자를 채우기도 어렵다. 그런데 거기에 더해 시청 시간까지 채워야 하니 광고를 따기가 사실상 불가능하게 된 것이다. 상황이 이렇게 되니 광고 수익을 얻는 기준을 채우지 못해 유튜브를 접는 사람들도 속출했다. 누구에게나 열려 있는 유튜브 기회지만, 광고 수익 조건을 채우기 위해서는 뛰어넘어야 할 산이 많았던 것이다.

1세대 유튜버들은 광고 수익 조건을 채울 필요가 없었기 때문에 영상을 매일 하나씩 올리는 꾸준함으로 구독자로부터 신뢰를 얻고 영상이 조금 미흡하더라도 신뢰와 지속성을 바탕으로 조회수를 올렸다. 그러나 지금의 2세대, 3세대 유튜버들은 일단 구글로부터 광고 수익을 따기 위해서는 조건부터 채워야 한다. 그렇기에 초기 유튜버들과 달리 지금 시작하는 유튜버들에게는 피나는 노력이 필요하다.

그러나 유튜브를 전업이 아니라 자투리 시간을 활용해 내 정보를 공유한다는 가벼운 마음으로 시작한다면 의외로 성공할 가능성이 높다. 젊은 부모 세대는 정보를 검색하고자 할 때 제일 먼저 초록색 창 '네이버'를 찾는다. 각종 포털 사이트에 들어가 검색어를 누른 뒤 블로그 리뷰, 카페 글 등을 통해 정보를 얻는다. 그러나 자녀 세대는 빨간색 '유튜브'를 눌러 동영상 검색을 한다. 네이버가 아닌 유튜브 검색을 통해 정보를 얻는 것이다.

바로 이 지점에서 유튜브를 보는 이유가 달라지고 있음을 알 수 있다. 유튜브 이용자들은 단순히 오락으로서가 아니라 생활 속에서 정보를 찾는 플랫폼으로써 유튜브를 활용하는 것이다. 유튜브가 정보를 직거래하는 플랫폼으로 성장하고 있는 것이다. 강사 김미경 씨는 이를 두고 자신의 저서 『김미경의 리부트』에서 "나만의 코어를 직거래하는 시대"라고 표현했다. '나만의 코어를 직거래하는 시대'란 학교나 회사 같은 중간 매개체 없이도 스스로가 자신만의 정보를 거래하며 수익을 번다는 의미인데, 이번 코로나19 사태로 김미경 씨가 예상했던 직거래 시대가 약 5년 정도 앞당겨졌다고 평가할 수 있겠다.

바로 이 직거래, 나만의 코어를 세일링하는 그 직거래가 다름 아닌 유튜브를 통해서 가능해졌다. 어느 누군가는 유튜브도 시대가 지나면 사라지는 것 아니냐고 하겠지만 대다수 전문가들은 유튜브 자체가 사라지기보다는 이것이 더욱 발전된 형태의 동영상 공유 플랫폼으로 발전할 것으로 예상하고 있다. 스마트폰이 보급되는 이상 유튜브는 계속될 것이다. 그리고 유튜브가 사양길로 접어들어도 이러한 직거래 형태로 자신만의 정보를 파는 크리에이터는 어떤 형태로든 살아남을 것이다.

　이런 변화의 흐름 속에서 학부모가 자녀에게 기성세대 공부론만을 고집할 수도 없는 것이다. 초등학교, 중학교, 고등학교 등 정규과정 이후 대학교 졸업까지 마쳐야 취업이 되는 시대는 저물어 가고 있다. 자신만의 지식을 바탕으로 이를 공유하는 능력이 바로 돈을 벌 수 있는 기회가 되는 것이다. 학부모들은 이 점을 염두에 두어 자녀 교육에도 대비책을 만들어 두어야 한다.

변호사인 내가
왜 유튜브를?

내가 유튜브라는 앱을 통해 영상을 접하게 된 것은 2014년 초이다. 뮤직비디오를 만들던 친구가 세상에는 많은 영상이 있다면서 유튜브 앱을 켜 영상을 보여 주었다. 스마트폰에 기본 앱으로 깔려 있었지만 그전까지는 유튜브를 사용해 본 적이 없었다. 유튜브에 올라온 영상을 보고 나니 '와, 이런 세계가 있구나.'라고 감탄이 절로 나왔다. 콜럼버스가 대륙을 발견한 기분이 이런 것일까? 그야말로 신세계를 접했다.

유튜브 앱을 켜면 하루 종일 영상을 보게 되었는데, 특이하게도 내가 검색하지 않아도 동영상을 하나 보고 나니 비슷한 영상이 바로 추천되었다. 새로운 영상은 또 어떤 내용일까 궁금해서 누르다 보니 유튜브 앱을 끌 수가 없었다. 나는 당시 외국에서 올린 영상들을 보게 되었는데, 그래서인지 유튜브를 내가 직접 한다는 것은 생각조차 하지 못했다.

변호사로 활동을 시작한 초기인 2012년 봄, 우연한 기회에 KBS 〈연예가중계〉에서 인터뷰를 요청해 왔다. 당시 나는 변호사로 개업한 지 얼마 되지 않아 블로그 활동을 열심히 하던 중이었는데, 변호사로서는 특이하게 연예인에 대한 뉴스를 다뤘다. 문제가 된 '연예인 프로포폴'에 대해서 변호사로서 연예인들이 왜 프로포폴에 중독되는지 쓴 글이 있었는데, 이 글을 본 작가가 사무실로 전화를 걸어 인터뷰를 요청한 것이었다. 나의 첫 방송 출연이었다. 이 방송을 계기로 다른 방송에서도 '연예인 프로포폴'에 관한 인터뷰를 하게 되었고 그 이후 종합편성채널에서도 연락이 왔다.

그렇게 방송에 하나씩 출연하면서 나는 정치평론을 시작하게 되었고 2015년에는 채널A 간판 프로그램인 〈돌직구쇼〉의 공동 MC로서 약 8개월 정도 활동을 했다. 그렇게 꾸준히 방송을 하던 중에 2017년 대선 이후 여당 편이 아닌 패널들은 알게 모르게 보이지 않는 손에 의해서 정리되었다. 잘나가던 정치 패널 스타들도 하나둘씩 자취를 감췄다. 나는 방송을 원래 많이 하지 않았던 터라 크게 타격은 없었지만 방송국 출연료로 생활을 이어가던 일부 패널들은 수익에 직격타를 맞았다. 물론 그들은 출연료의 급감보다도 말을 할 수 없다는 사실에 더 분노했다.

이들이 방송에서 평론을 못 하게 되자 대안으로 선택한 것이 바로 '유튜브'였다. 기존 방송과 달리 유튜브에서는 표현의 자유가 상당히 보장되었고 그렇다 보니 다룰 수 있는 주제도 광범위했다. 잘나가던 정치 스타 패널들이 유튜브에 상당히 유입되면서 정치 분야 유튜브도 채널이 많이 생겨나게 되었다.

이렇게 文정권에서 소위 '블랙리스트'로 찍힌 정치평론가들이 유튜브에 대거 유입되면서 자연스럽게 유튜브를 접하게 된 나는 그제서야 '유튜브를 이렇게도 보는구나.'라는 생각이 들었다. 유튜브는 외국인들만 사용하는 앱인 줄 알았는데 국내 이용자도 많다는 것을 처음 알았다. 유튜브에는 특별한 사람들만이 아니라 누구든지 영상을 올릴 수 있다는 것도 그때 느끼게 됐다.

사실 나는 처음부터 내 채널을 개설한 것은 아니었다. 종편 패널로 활동하던 다른 분들이 개설한 채널에 일주일에 한 번씩 출연해 한 코너 정도 진행했을 뿐이다. 그런데 생각보다 기존 시청자들이 내가 나오는 방송을 많이 보았다. 그렇게 유튜브 시청자들이 나를 알게 되었고 나도 모르는 사이에 나의 '유튜브 인지도'가 생겨나고 있었다. 그렇게 한 1년 정도 내로라하는 종편 패널들의 유튜브 채널에 출연하다가 2018년 말 '나도 한번 시작해 볼까?'라는 생각을 가졌다.

구독자 1,000명과
시청 시간 4,000시간을 채워라!

　처음 유튜브를 시작할 때 나는 거창한 방송 장비나 화려한 편집 기술이 없었다. 그저 스마트폰으로 10분 정도 분량의 영상을 찍어 올리는 수준에 불과했다. 당시 나는 '아이스버킷챌린지' 지목을 받았는데, 이를 한번 찍어 올려 볼까 싶어 물을 맞는 영상을 시작으로 '배승희 변호사' 채널을 개설했다.

　이후 사무실에 핸드폰 하나를 놓고 앉아 10분 내외로 뉴스 해설을 하는 영상을 찍어 올렸다. 광고 기준이 바뀌어 구독자와 시청 시간 기준을 채워야 했다. 구독자 1,000명의 경우, 종편에서 패널로 활동하기도 했고 또 정치 유튜브에 게스트로도 자주 출연하여 기준을 채우는 것은 크게 어려움이 없었다. 심지어 채널을 개설하자마자 감사하게도 구독자가 1만 5천 명이 되었다.

그래서 일단 그날의 뉴스가 있으면 신속하게 영상을 찍어서 하루에 두 개, 세 개 되는 대로 영상을 올렸다. 한번 영상을 올리면 대부분의 구독자들이 끝까지 시청을 해 주었다. 구독자가 1만 5천 명인데 조회수가 1만 5천 회가 넘었다. 그렇게 초창기 구독자들은

'오늘 밤 장터 거지들은 괜찮을랑가'...문 대통령의 성탄 고뇌

미흡하고 부족한 이 영상을 오로지 '배승희'라는 이유로 시청해 준 것이다. 그래서 몇 달 지나지 않아 시청 시간 4,000시간을 채울 수 있었다. 시청 시간을 채우고 나니 벌써 구독자도 꽤 늘어 있었다.

구독자가 늘어나고 시청 시간이 늘어난 만큼 영상에 더욱 힘을 쏟았다. 스마트폰으로 찍고 영상을 컴퓨터로 옮겨 자막 작업을 하고 섬네일을 만드는 것은 쉬운 일이 아니었지만 계속해서 늘어나는 구독자와 시청 시간을 보면 절로 힘이 났다. 어떻게 하면 시청자분들이 웃으면서 정치를 접할 수 있을까 고민하던 끝에 코너 이름을 '아~ 열받아!'로 정했는데 많은 분이 공감해 주셨다. 그렇지만 한계도 있었다.

여고 동창의
은밀한 대화!

내가 하는 정치 유튜브 채널의 특징은 당일 기사를 토대로 사실 관계를 보도하고 이 사실관계가 갖는 정치적 의미를 분석한다는 것이다. 정치적 의미를 시청자에게 쉽고 재미있게 설명하는 스타일이 바로 팟캐스트 방식이고, 클래식하게 설명하는 스타일이 TV조선 〈김광일의 입〉이라고 할 것이다.

사실 나는 유튜브를 시작할 때부터 유튜브는 TV 방송이 아니기에 약속 장소로 이동할 때, 출퇴근길에 간단하게 들을 수 있고 듣고 나면 유쾌한 느낌을 받을 수 있는 그런 방송을 하고 싶었다. 거창하게 정치 담론을 이야기하기에는 내 능력이 부족하고 또 방송을 하는 사람도 지루하지 않아야 듣는 사람도 재미있게 들을 수 있다고 생각했기 때문이다.

그래서 '우파 진영의 팟캐스트 방송'이 되기 위해서 재미있고 강렬한 느낌의 제목을 고민하다가 '아~ 열받아!'로 정했다. 文정부의 정책이나 대통령의 발언, 여당의 실책을 보면서 누구나 입에서 나올 만한 발언, 우리끼리 편하게 할 수 있는 말 '아~ 열받아!'로 정한 것이다.

그동안에는 다른 방송에 가서 나의 생각을 답변하는 방식으로 평론했지만 내가 내 채널에서 방송을 하다 보니 어려움이 있었다. 물론 가장 큰 문제는 나의 해설 능력에 있었다. 뉴스를 뽑아내는 것까지는 좋지만 그 뉴스를 설명하고 난 뒤 나의 해석을 덧붙이는 과정에서 많은 점이 부족했다. 그 결과 '왜 배 변호사의 해설이 없느냐', '배 변호사의 생각은 무엇이냐'라는 댓글을 많이 발견했다.

그만큼 정치 해설은 쉬운 게 아니었다.

그래서 뉴스를 해설하는 데 정치계 선배님들의 조언도 많이 듣고 공부도 많이 하고 나름의 연구를 했다. 나도 내 초기 방송을 보

면 왜 저렇게 말했을까 싶고 손발이 오그라들기도 한다. 많이 부족했던 그 방송을 보시면서 응원의 댓글을 남겨 주신 시청자분들을 생각하면 지금도 한없이 부끄러워진다.

요즘 뉴스를 보면 패널로 나오는 젊은 친구들이 제대로 공부도 하지 않고 그저 자기 진영 편을 드는 모습을 보면 오래가지 못할 것이라는 예상이 든다. 시청자는 바보가 아니기 때문에 화려한 언변에 넘어가지 않기 때문이다. 방송에 나오는 패널들은 그 사실을 망각하는데, 깊은 성찰이 필요한 부분이라고 생각한다.

유튜브를 하게 되면 방송보다도 더 냉정한 평가를 받게 된다. 유튜브는 이용자가 자신이 듣고 싶고 보고 싶은 영상을 찾아서 보기 때문에 그 영상에 대한 기대가 매우 높다. 그래서 발언 하나하나 신경 써야 한다. 내용에 신경을 쓰다 보면 재미가 없어지고 재미에 신경을 쓰다 보면 내용이 가벼워지니 어디에 중점을 두고 영상을 만들어야 하나 고민하게 된다. 나도 초창기에 늘 하던 고민이다.

그러다 친구와 저녁 식사 중 영부인과 그의 친구인 손혜원 당시 의원이 여고 동창으로 잘 알려져 있으니 두 사람이 대화하는 걸 풍자하면 어떨까 하는 이야기가 나왔다. 두 분이 여고 동창인데 사적으로 둘이 만나서 이야기할 때는 서로 반말하며 여고 동창끼리의 대화가 있지 않겠느냐는 친구의 조언 덕분이었다.

예를 들어 이런 것이다.

"어머, 정숙아. 이번에 너 사진 찍힌 거 보니까 한복 너무 예쁘더라."
"어머, 너 봤구나? 정말 나는 한복이 잘 어울리는 것 같아."
"그래, 넌 딱이야. 하하하."

이런 식으로 친구끼리의 대화가 이어지지 않을까 생각한 것이다. 그날 밤 집에 와서 나는 어떤 뉴스를 가지고 이 방송을 만들까 밤

새 고민해서 다음 날 여러 번 녹화를 하고 방송에 내보냈다. 이 방송이 나가고 폭발적 반응이 일어났다. 많은 분이 너무 웃긴다면서 주변 분들에게 소개하고 공유하면서 시청자층이 확 늘었다. 방송 초기에는 50대, 60대가 주 시청자였다면 이 방송 이후로는 20대, 30대도 많이 유입됐다.

팝콘각의
탄생!

초창기와 달리 뉴스를 해설할 때 대화 형식으로 가볍게 풀어 가며 쉽게 설명하니 시청자가 폭발적으로 늘어났다. 나는 이때 유튜브의 특성을 이해했다.

'형식은 가볍게, 그러나 내용은 깊이 있게.'

그동안 머릿속으로는 가볍고 재미있게 해설하려고 했지만 그 방법을 잘 몰랐다. 그러던 중 풍자 기법을 통해 정치도 이렇게 재미있게 해설할 수 있다는 것을 알게 된 것이다.

그래서 나는 이를 계기로 프로그램 제목을 바꿔 보기로 했다. 제목 자체는 가볍고, 대신 방송 내용을 깊이 있게 하면 되지 않겠는가 싶어 '아~ 열받아!'보다는 가벼운 제목이 필요했다. 이런 제목을 정할 때는 밤새 고민도 하고 주변 사람들에게 묻기도 한다. 그 결과 2030 세대에서 유행하는 언어를 사용하는 것이 좋겠다는 의견이 나왔다. 어르신분들도 젊은 세대의 용어에 관심이 많고 또 젊은 층에서 이 방송을 들었으면 하는 바람도 있었다.

또 당시에 정부, 여당이 자신들의 과거 발언과 배치되는 행동을 해 야당과 언론에서 정부, 여당의 행동에 대해 '내로남불'이라는 비판을 시작했다. 정부, 여당이 자신들이 비판했던 그 행동으로 다시 비판받는 걸 보니 속된 말로 '꿀잼'이라는 생각이 들었다.

이걸 사람들에게 부각시켜서 방송을 하면 어떨까 하는 생각이 들었고, 이것 자체가 제목이었으면 좋겠다는 생각이 들어 '팝콘각'으로 결정했다. '팝콘각'은 흔히 영화관이나 극장에서 팝콘과 함께 영화나 공연을 관람하는 것에서 유래된 것인데, 즐거움을 주거나 매우 볼 만한 상황이나 맥락을 이르는 신조어이다. 나도 사실 이런 신조어에 느린 편인데 사무실의 젊은 직원들이 '팝콘각'이 좋다고 추천을 해 '팝콘각'으로 정했다.

프로그램 제목을 '팝콘각'으로 바꾸고 나니 이번에는 제목에 어울리는 오프닝이 필요하다고 생각했다. 팝콘을 주제로 해서 팝콘이 튀어 오르는 모습과 함께 키득키득 웃는 모습을 형상화하고 싶었다. 머릿속으로는 상상이 되지만 이를 표현해 내는 것은 쉬운 일이 아니었다. 또 밤새 고민을 시작했다. 가볍고 재미있는 배경 음악을 찾는 것부터 시작해 팝콘의 색깔 표현 방식 등 고민에 고민을 거듭했다.

1. 나도 유튜브 시작해 볼까?

변호사세요? 유튜버세요?

이렇게 해서 팝콘각이 탄생했다. 그 후 나는 뉴스를 볼 때 정부, 여당의 실책이 과거 자신들이 했던 발언과 어떻게 대비가 되는지 살폈고, 이를 중점으로 뉴스 해설을 시작했다.

유튜버로 소개된 배승희 변호사, 뉴스에 왜?

2017년 4월 16일 밤 9시 30분경, 과천의 한 주차장에서는 아주 경미한 접촉 사고가 났다. 이날 사고를 낸 당사자는 사고 현장을 목격하고 뒤쫓아오던 레커차에 돈을 건네고 사건을 무마했다. 조용히 묻힐 줄만 알았던 이날의 사건은 건너건너 한 프리랜서 기자의 귀에 들어가 취재가 시작되었다. 2년 뒤 사건 당사자가 전 언론에 공개됐다. 바로 손석희 JTBC 사장이었다.

'왜 하필이면 세월호 3주기에 과천 주차장에 가서 사고를 내고 도망갔느냐?'라는 일반인들의 궁금증이 커져 가자 언론이 놓치지 않았다. 당시 전 언론사에서 경마식으로 손석희를 취재하기 시작했다. 손석희는 "아흔 노모를 모시고 갔다", "화장실을 가려고 했다."라고 했지만 명쾌한 답변이 되지는 못했다.

그러다 보니 당시에는 거짓말 조금 보태면 하루 종일 손석희의 과천 주차장 사건이 뉴스에 도배됐다. 특히 TV 뉴스가 더 적극적으로 달려들었다. TV 뉴스는 화면을 내보낼 수 있기 때문에 사고 현장인 과천 모 교회 주차장을 입구서부터 나가는 길목까지 보여 주었고, 심지어 어떤 언론은 드론까지 띄워 그 일대 주변을 샅샅이 보여 주기도 했다.

다만 TV 뉴스의 특성상 당일 오전, 오후에 기사를 완성하고 저녁 뉴스에 내보내야 하기 때문에 사고 현장은 사고 시각이 아닌 훤한 대낮에 찍을 수밖에 없었다. 그래서 대부분 뉴스에는 대낮에 찍은 과천 주차장이 방영되었다. 그러나 대낮에는 과천 교회 뒷길로 등산로 입구가 있어 사람의 왕래가 많고 주차장에 차들도 가득했다.

사실 TV에서 방영되는 과천 주차장만 보면 '완전히 개방되어 사람도 많은데 어떻게 뺑소니를 칠 수 있나?'라는 생각이 들 정도이다. 일반 시청자들이 별다른 생각 없이 뉴스를 보고 나면 '에이, 그렇게 사람이 많은 데서 무슨 뺑소니를 쳐?'라는 착각에 빠질 것이 분명했다.

나는 문득 '사고가 난 밤 그 시각에 과천 교회 주차장은 어떨까? 그걸 영상으로 한번 찍어 볼까?'라는 생각이 들었다. 손석희의 과천 교회 주차장 사고가 보도된 2019년 그 주 겨울 일요일 밤 8시에 나는 무작정 차를 타고 과천 교회 주차장을 찾아갔다.

'그래, 유튜버라면 현장을 가야지. 이게 1인 미디어지.'

나도 사실 구체적인 장소는 몰랐다. 그저 방송에 나온 그곳을 미루어 짐작해 일단 운전을 해 찾아가 보기로 하고 혼자 스마트폰을 들고 현장으로 갔다. 막상 과천 쪽으로 가다 보니 장소를 찾는 것은 어렵지 않았다. 과천 모 교회 주차장에 도착해 떨리는 마음으로 유튜브를 켜려고 하는 순간, 다른 유튜버가 방송을 시작하는 것을 목격했다. 정치 유튜브에서는 꽤나 알려진 유튜버가 방송을 시작한 것이다.

나는 특별한 장비 없이 그저 스마트폰으로 유튜브 실시간 스트리밍을 했는데 그러다 보니 접속자가 2,000명을 넘기면서 접속이 자주 끊겼다. 나도 사람인지라 그래도 내 방송을 통해 현장을 보여 주며 유튜브 방송을 하고 싶었지만 카메라맨까지 있는 방송에 함께하는 것이 오히려 시청자들에게는 더 현장을 제대로 보여 줄

수 있지 않겠나 생각했다. 어차피 나를 보는 시청자라면 이 방송도 볼 것이라 생각했고 끊김 없이 방송이 나가야 시청자 입장에서 더 좋을 것이라는 판단을 한 것이다.

예상은 적중했다. 그분도 생방송을 켠 지 불과 몇 분 되지 않았었는데, 내가 먼저 인사를 하고 함께 방송을 하니 동시 접속자가 1만 명을 넘어섰다. 방송 내내 1만 명 이상 접속자를 유지하며 '대히트'를 쳤다. 그리고 그 방송을 보는 중에 시청자가 직접 현장에 와 인터뷰도 했는데 나중에 이분은 그 유튜브에 취업하기도 했다.

나는 합동 방송을 마치고 과천 주차장 근처를 구석구석 다시 내 스마트폰으로 찍었다. 그리고 다음 날에는 사고 시각 밤 9시 30분이 얼마나 어두웠는지 성대모사를 하며 방송했다. 이 방송이 얼마나 재미있었는지 TV조선 엄성섭 앵커에게서 "배변, 이거 방송 좀 할게."라며 연락이 왔다. 그리고 이 방송이 대대적으로 뉴스에 나가기 시작했다.

이날 뉴스에 보도된 것만 해도 몇 개가 되고 이 영상은 '인기동영상 1위'를 기록하기도 했다. 이때만 하더라도 주변 변호사들은 내가 유튜브 채널을 운영하는지도 잘 몰랐는데 이 영상을 통해 알

유튜버인 배승희 변호사가 직접 다녀온 손석희 교통사고 현장 과천 교회
주차장 _ 칠흑같이 어두워 아무것도 보이지 않는 상황이다

게 되었다. 한 변호사 친구는 "단톡방에 이 영상 재밌다고 올렸어.
너 유튜브 하더라."라고 했다. 카카오톡을 통해 이 영상을 공유해
서 알게 되었다고 한 사람들이 꽤 있었다.

인기 급상승 동영상 #1

유튜브 취재가
종편 뉴스로?

댓글 조작이 처음 제기되었을 때만 해도 사람들은 긴가민가했다. 정부와 여당에서는 적극적으로 자신들이 관여한 바가 없다고 했다. '드루킹' 김동원의 정체가 밝혀지기 전까지는 말이다.

2018년 1월 네이버 같은 인터넷 포털 사이트에서 문재인 정부를 비방하는 댓글을 쓰고 추천 수를 조작한 의혹이 제기되면서 네이버와 더불어민주당은 이에 대해 수사를 의뢰하였다. 당시 당대표가 바로 추미애였다. 이렇게 수사가 시작되고 2개월 만인 2018년 3월 21일, 경찰이 느릅나무 출판사 등 압수수색을 통해 3명을 체포했다.

보수 진영의 댓글 조작인 줄 알았던 이 사건은 여당 고발 두 달여 만에 '민주당원 댓글 조작' 사건으로 성격이 180도 바뀐다. 이 세 사람이 바로 '드루킹', '둘리', '솔본아르타'이다. 이들이 최초 뉴스에 '민주당 당원'이라고 보도되면서 댓글 조작 사건은 일파만파 커져 갔다.

2018년 4월 24일 검찰은 이해할 수 없는 조치를 취했는데, 바로 드루킹 김동원 씨에 대해 외부 접견을 금지해 달라고 법원에 청구한 것이다. 법원은 한술 더 떠 변호인을 제외한 외부인과의 접견을 막아 달라는 검찰의 신청을 받아들여 '비변호인과의 접견, 교통금지 신청'을 인용했다.

사실 김동원 씨는 친노 및 친문 성향의 파워블로거 '드루킹'으로 활동하며 "나는 노무현의 지지자, 문재인 조력자이며 문 대통령의 시각으로 정국을 본다."라는 글까지 올리며 문 대통령을 공개 지지해 온 자이다. 그러나 문재인이 대통령이 되고 나서 김경수 쪽을 통해 오사카 총영사 인사 청탁을 했지만 실패하고 이에 반발해 반(反)정부 성격의 댓글을 달아 여당이 이를 고발하면서 이 사건이 알려지게 된 것이다.

사실 드루킹 김동원에게 적용된 범죄 혐의는 업무방해죄인데,

형법상 업무방해죄는 5년 이하의 징역 또는 1천 500만 원 이하의 벌금에 불과하고 이 죄로 구속되어 수사받는 일도 거의 없다. 그런데 구속을 하고 구속한 이후 일반인의 접견도 불허하고 여기에 도저히 이해할 수 없는, 과도하리만큼 과한 수사력이 집중되었다. 게다가 석연치 않은 이유로 드루킹 김동원의 변호인이 연이어 사임하여 변호인이 없는 상태로 재판이 진행되는 인권 유린의 상황까지 발생하였다.

나는 그냥 이를 두고만 볼 수 없었다. 그래서 용기를 내어 서울구치소에 김동원 씨에 대해 변호인 선임을 위한 접견을 신청하였다. 그런데 변호인 접견을 신청하자 불허한다는 답변이 왔다. 대부분 구치소에 수감된 피고인들은 변호인 접견을 거절하지 않는다. 그도 이상하지만 너무나도 순식간에 서울구치소로부터 답변이 와 도저히 이해할 수 없어 내가 직접 구치소로 전화를 걸었다. 피고인 김동원에게 확인한 것이 맞냐고 했더니 구치소 측에서는 대답을 제대로 하지 못하였다. 이 내용을 당시 유튜브로 방송하고 내 페이스북에 자세히 적어 두었다.

변호사세요? 유튜버세요?

배승희
2018년 5월 29일 · 🌐

'드루킹' 변호인 선임을 위한 접견막고
변호인 선임을 위한 서신도 막고 있다!
통상 오전에 넣으면 오후에 전달되고
어제 구치소측과 통화하여 전달한다고 하고는...
아직도 처리중... 전달을 안하네요. 서신 내용을 공개합니다.

[서신 내용]
오늘 접견을 신청하였으나 거부되어 하고자 하는 말을
남깁니다. 변호인 선임을 위한 서신이오니 반드시
전달되기를 희망합니다.

옥중편지 보도 이후 언론에는 팔로우 기사는 없습니다.
국선변호인은 기일연기신청을 통해 구속기간 연장만을 하고
있습니다. 검찰은 증거목록을 제시하지 않고 공범들 재판을
병합하면서 재판 지연을 도모하고 있습니다. 서둘러 재판을
진행하고 보석, 구속적부심을 통하여 밖으로 나와 피고인
방어권을 확보하는 것이 최선의 방법입니다. 언론을
활용하기도 해야 합니다.
이 사건은 덮일 가능성이 높습니다.
누구를 믿던지 현재는 구속 상황에서 밖으로 나오는 것이
중요하고 저는 그 역할을 할 것입니다. 밖으로 나오게 되면
제 역할은 다 한 것이라 생각합니다. 그 다음 재판 진행은
누구를 선임하던 관계 없습니다. 옥중편지를 보고
연락드리는 것이니 다른 오해는 말아주십시요. 전달되기를
희망하며 .. 배승희 변호사

1. 나도 유튜브 시작해 볼까?

배승희
2018년 5월 30일 · 🌐

오늘 오전 8시 25분에 드루킹 접견신청을 했다. 아니나 다를까 8시 30분 정도 되서 전화가 와
" 지정 변호사가 아니면 접견할 수 없다"고 했다.
"드루킹한테 확인 한 의사냐"고 하니
"예전에 제출한 의견으로 안 된다고 하는 것이다"하고 해서
"사선변호사 다 사임된 상태인데 지정변호사가 있을 수 있느냐, 의사도 확인 하지 않고 어떻게 답변을 할 수 있냐"고 했더니
"업무 개시 시각인 9시에 드루킹을 만나서 확인하고 알려주겠다"고 구치소측은 답변했다.
애초에 업무시간에 드루킹한테 물어보고 오던가 아니면 접견장소에 나와서 드루킹이 거절을 해야 맞는 것 아닌가.
이상한 점은 또 있다.
다음편에..

이를 취재 기자가 본 덕에 TV조선 〈보도본부 핫이슈〉에서 취재 요청이 들어왔다.

형사소송법 제34조에는 변호인 또는 변호인이 되려는 자는 신체 구속을 당한 피고인과 접견을 할 수 있다고 나와 있다. 이는 헌법상 보장된 피고인의 권리이다. 그럼에도 불구하고 서울구치소는 나의 접견을 허락하지 않았다.

덧붙여 서울구치소의 행태를 설명하자면, 이 방송이 나간 직후 내가 다시 구치소에 접견을 신청하자 접견을 허락한다는 연락이 왔다. 그래서 막상 접견을 하러 가니 구치소 내에서 김동원이 만나지 않겠다고 했다. 거절 의사를 알려 주려 서울구치소까지 오게 한 것이다. 언론 무마용이었을 것으로 추정된다.

KBS 노조까지 감동!
박영선 장관 일본 도쿄 집을 찾아라!

    박영선 전 의원이 중소벤처기업부 장관으로 지목되었다. 우리나라 장관청문회에서 다루는 내용은 기본적으로 도덕성 검증과 전문성 검증 두 가지로 분류된다. 특히 문제가 되는 것은 도덕성 검증이다.

    더불어민주당 출신 박영선 당시 의원은 야당에서 청문회 스타로 유명하다. 공격수로 활약하던 박 의원이 2019년 3월 중소기업벤처부 장관으로 지목되자 언론에서는 기다렸다는 듯이 박 후보자의 도덕성 검증을 앞다투어 시작했다.

    청문회가 시작되면 각 의원실에 세세한 내용까지도 제보가 쏟아지는데, 박영선에 대한 제보도 의원실에 쏟아졌던 모양이다. 각 청문위원마다 후보자 검증을 위해 자료 제출 요구하였는데 박영선 당시 후보자는 이 자료 제출 요구에 응하지 않고 버티기에 들어갔다.

文정부에서 "다주택자는 적폐"라며 다주택자를 범죄시하였으니 다주택자를 공직에 앉힐 수 있겠느냐 생각하겠지만 그렇지 않다. 노영민 비서실장은 아파트를 반포 서래마을에 한 채, 청주 지역구에 한 채, 총 두 채를 보유한 다주택자이고 추미애 장관도 다주택자이며 이 외에도 공직에 있는 다주택자가 수도 없이 많다.

박 후보자도 마찬가지였는데, 특이하게도 도쿄에 아파트를 보유하고 있어 더 논란이 되었다. 더불어민주당은 때만 되면 '반일감정', '일본 제품 불매운동' 등을 들고나올 정도로 일본에 대해 반감을 가지고 있었고 조국은 '죽창가'를 페이스북에 올려 논란이 되기도 했다. 그런데 장관 후보자가 일본에 집이 있다니 있을 수 없는 일이다.

유튜브로 이 소식을 전하던 중에 나는 문득 '박영선의 도쿄 아파트는 어떻게 생겼을까?'라는 궁금증이 생겼다. 2019년 3월 30일 토요일 아침 10시, 생방송을 하면서 방송 마지막에 깜짝 발언을 했다.

"박영선 도쿄아파트
궁금하지 않으세요?
지금 공항으로 갑니다"

2019.03.30. 방송 중 발언..

"박영선 장관 도쿄 아파트 궁금하지 않으십니까? 지금 방송을 끝내고 오후 2시 비행기로 도쿄에 가서 현장을 보겠습니다."

당시 실시간 접속자가 5,000명이 넘었는데, 생방송 중에 일본에 간다고 하니 시청자 반응이 폭발적이었다. 보시던 시청자들은 "대단하다", "놀랍다."라고 하며 슈퍼챗도 많이 보내 주었고 또 일본에 게시는 일부 팬들은 공항까지 마중을 나오겠다고도 했다. 사실 방송을 하기 전까지 나도 고민을 많이 했다. 일본에 갈 것인가 말 것인가를 두고도 비행기를 예약했다가 취소했다가 여러 번 반복했다. 그런데 주변에서 어차피 주말에 혼자 있으면 뭐 하냐며 그냥 다녀오라고 했다. 그래서 일단 도쿄에 가기로 하고 방송에서 질러

버린 것이다.

내 방송은 특별히 스태프도 없고 주말에는 여타의 변호사 사무실과 같이 직원도 나오지 않아 혼자 사무실에서 노트북을 켜고 방송을 했다. 이번에도 마찬가지로 혼자 나와 노트북으로 방송을 하고 나서 그 노트북과 스마트폰을 챙겨 도쿄에 가기로 한 것이다.

방송으로 도쿄에 간다고 했으니 이제는 안 갈 수도 없게 된 것이다. 게다가 시청자들이 너무나도 많이 응원해 주어서 나도 깜짝 놀랐다. 도움을 주시겠다고 하는 분들도 너무 많아 더욱 감사했다. 그러나 나는 1인 방송으로 특별한 장비를 가지고 가는 것도 아니고 스마트폰과 노트북이 전부였기에 팬들에게 도움을 받는다는 게 죄송했다. 그렇게 무작정 도쿄로 향했다. 사실 도쿄는 대학교 때 한 번 배낭여행으로 다녀왔다. 너무나 오래돼서 잘 기억은 나지 않지만 막상 가면 기억이 나지 않을까 생각했다. 그러나 도쿄에 도착하고 나니 너무나도 오래돼 기억이 나지 않아 초행길이나 마찬가지였다.

숙소까지 찾아가는 데 꽤나 고생을 했다. 모든 것을 영상으로 담아 시청자들에게 보여 주었다. 오랜만에 오니 낯설게만 느껴져

숙소를 찾아가는 것도 힘들었다. 네이버 밴드를 통해 시청자들과 정보를 공유하며 겨우겨우 도쿄 숙소에 도착했다.

숙소까지 찾아오는 데 공항에서부터 4시간 이상 걸린 것 같았다. 길 찾기가 너무 어려워 일본에서 도움을 주시겠다고 한 분에

게 어쩔 수 없이 연락을 했다. 여행사를 하시던 분이었는데 "정말 혼자 오셨어요?"라며 놀랍다는 반응이었다. 호텔까지 데려다주시고 프런트에서 체크인까지 척척 해 주셔서 너무나도 감사했다. 몇 번이고 감사의 인사를 하고 숙소에 들어가 인터넷을 연결해 노트북으로 생방송을 시작했다.

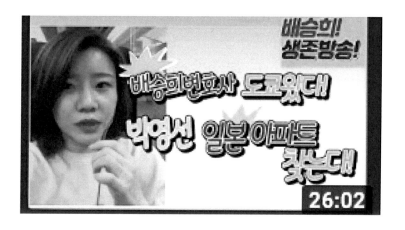

노트북으로 생방송을 켜자 순식간에 5,000여 명이 넘는 사람이 실시간으로 응원의 댓글을 써 주었다. 슈퍼챗도 많이 보내 주었다. 정말 감사한 일이었다. 다들 하나가 되어 나를 응원해 주었고 또 즐거워했다. 그때를 생각하면 지금도 가슴이 뭉클하다. 비행기에서 내려 공항에서부터 그 복잡한 도쿄 지하철로 갈아타고 또 시청자 한 분의 도움을 받아 이 머나먼 호텔까지 오는데, 무슨 미국에

온 것도 아닌데 이렇게 고생을 했다며 서로 격려하고 웃고 난리도
아니었다.

방송을 30분 정도 하고 나니 역시나 인터넷이 끊겼다. 시청자들
이 응원의 댓글을 써 주어서 정말이지 즐거웠다. 혼자 도쿄에 도

착해 호텔에 들어가니 잠도 오질 않고 밥도 먹지 않아 호텔 근처 편의점으로 가서 혼자 도시락을 먹었다. 만감이 교차하는 순간이었다.

다음 날 이른 새벽부터 눈이 떠졌다. 어차피 당일 오후 한국으로 돌아가야 했기에 일찍부터 서둘러 새벽 6시부터 방송 준비를 했다. 호텔 조식을 먹으며 지도를 보고 박영선의 집을 대충 찾았다. 애초에 숙소를 박영선의 아파트로 추정되는 곳 근처로 잡았기에 정확히는 모르더라도 어떻게든 근처를 돌아다니다 보면 아파트가 나오지 않을까 생각했다.

1. 나도 유튜브 시작해 볼까?

호텔을 나와서 걷다 보니 일본 법원부터 시작해 국회까지 있었는데, 이 동네가 우리나라로 치면 여의도와 청담을 합친 정도의 부촌이었던 것 같다. 새벽부터 일찍 돌아다닌 덕에 돌아다니는 사람도 별로 없어서 촬영하는 게 매우 수월했다. 일본의 경우 사생활 보호 등 개인의 권리 보호를 중시하는데 다행히 돌아다니는 일반인이 없었다. 그래서 박영선의 도쿄 아파트를 찾아가는 길까지 생방송으로 시청자들에게 다 보여 주었다. 유튜브라는 플랫폼이기에 1인 미디어로 기자처럼 취재가 가능했던 것이다.

1시간여 끝에 나는 결국 제보자가 정보를 준 박영선의 아파트를 찾아내고야 말았다. 그곳에 가서 보니 호화로운 아파트임에는 틀

림없었다. 도쿄는 땅값도 비싼데 주변에 법원, 국회, 유명 방송국까지 들어가 있으니 입지상 부촌임에 두말할 필요가 없었던 것이다.

이렇게 토요일에 오후에 출발해 일요일 오후까지 박영선의 집을 찾아 도쿄를 다녀온 영상을 방영하고 나니 누군가 나한테 KBS에서 배 변호사님 이야기를 하는 것 같다며 기사를 하나 보내 줬다. KBS 공영노조에서는 "박영선, 김연철 의혹 KBS가 개인 유튜버 취재보다 못해야 하나"라는 성명까지 발표했다.

김학의 보도로 김연철, 박영선 검증보도 묻혔나?

연일 언론에 의해 부적격 장관후보자라고 지목받고 있는 두 명, 바로 김연철 후보자와 박영선 후보자이다.

두 사람의 부적격 이유는 이미 언론에 보도된 것만으로도 차고 넘친다.

김연철 장관 후보자의 북한에 대한 인식은 심각한 수준이다. 남한의 장관이 되려는 건지 북한의 장관이 되려는 건지 분간할 수 없을 지경이다.

박영선 후보자는 자료미제출에다, 지역구 주민들과 식사를 하고서는 함께 밥을 먹지도 않았던 장관 이름을 허위 기재한 43만 원 식대의 영수증을 선관위에 신고했다. 정치자금법과 공직선거법을 동시에 위반한 의혹을 받고 있다.

그런 가운데, 3월 30일 <KBS 뉴스9>은 박영선 후보가 실제로 같이 식사한 당사자를 취재해 보도했다. 박영선 후보자의 거짓말을 증명한 것이다. 그러나 이것만으론 부족하다. 더 철저하게 취재해서 보도하라. 명색이 장관후보자를 검증하는 일에 KBS가 이렇게 철저하지 않게 보도한 적이 있었던가.

과거 문창극 총리후보자를 낙마시킨 사례가 생각나지 않는가. 교회에서 개인 신앙을 고백한 강연내용까지 들춰서 보도하지 않았던가. 물론 왜곡 보도로 많은 비난을 받았지만 말이다.

그랬던 KBS가 정권이 바뀌었다고 이렇게 부실한 보도를 할 수 있단 말인가.

개인 유튜버가 주말에 일본 도쿄까지 가서 박영선 씨가 구매한 것으로 추정되는 집을 취재해 보도하는 세상이다. 그런데 KBS가 유튜브보다 취재를 못해서야 되겠는가. 특히 KBS는 현지 특파원이 있지 않은가. 당장 해당 집을 찾아가서 정말로 소형 아파트인지, 팔리지도 않는 것인지 취재해보라. 유튜브에 나온 박 후보자의 집은 꽤 입지조건이 좋은 곳의 고급 주택으로 보인다.

<KBS 뉴스9>은 3월 30일에도 김학의 전 법무차관관련 뉴스를 내보냈다. 경찰 측

제보라며, 경찰 측이 김학의 전 차관에 대한 의혹 보고를 했는데도 청와대가 임명을 강행했다는 것이다. 그야말로 경찰 측의 일방적인 주장이다. 언론과 수사당국이 같은 입장에서 협력한다면, 어떤 결론이 나오는지 뻔한 일이 아닌가. 특히 김학의 씨 사건은 성폭행 등으로 몰고 가다가 뇌물죄를 먼저 수사한다고 하니, 구속될 때까지 끝까지 수사한다는 것이 아닌가. 권력을 견제하고 비판해야 할 언론이 앞장서서 이런 바람잡이식 보도를 하고 있다면 누가 KBS를 공영방송이라 하겠는가.

또 김학의 전 차관과 고 장자연 씨 사건은 하루가 멀다 하고 피해자 측이라고 주장하는 사람들의 입장을 주로 보도하면서, 왜 갖가지 의혹과 비리의 백화점이라고 불리는 장관후보자에 대한 검증은 이리도 소홀히 하는 것인가.

이러고도 언론이라고 할 수 있나. 부끄럽지 않은가.

대통령을 비판한 외국 언론에 대한 여당의 인종주의적 비난 발언으로 국제적인 망신을 당하는 등, 대한민국의 현재 언론 상황은 암울하다.

하지만, 꽃샘추위에도 기어이 벚꽃은 피는 것처럼 반드시 언론자유의 봄은 온다는 것을 믿어 의심치 않는다.

2019년 4월 1일 KBS공영노동조합

1. 나도 유튜브 시작해 볼까?

제목을 뭐로 하지?
"따따부따로 해요 그냥"

나는 개인 유튜브를 시작하기 전에 종편에서 잘려서(?) 유튜브로 건너온 패널분들과의 친분으로 다른 채널에 출연을 많이 했다. 종편에서 활동을 같이한 인연으로 많이 배워서 늘 감사한 마음이었다. 그렇기에 본인 채널을 개설하지 못한 분들의 개인 채널 구축도 많이 도와드렸다. 민영삼 원장님도 그중 한 분이다.

채널 개설부터 광고 수익이 생길 때까지 무료로 영상을 찍어서 편집까지 해서 올려드렸다. 개인적으로 돈을 바란 것은 아니었다. 그저 도움이 된다는 것에 뿌듯함을 느꼈는데 오히려 나는 그 경험 덕분에 내 채널을 개설하게 됐다.

민영삼 원장님도 지방선거 출마 등 개인적인 사정에 의해 유튜브를 꾸준히 하지 못했는데 그러던 중에 내가 "원장님! 그냥 술자리에서 하듯이 방송하는 게 요즘 스타일이에요. 내일 한 번 저랑 제 채널에서 방송 한 번만 해 주세요."라고 제안했다. 그렇게 해서 방송을 시작하게 됐다.

1. 나도 유튜브 시작해 볼까?

사실 민영삼 원장님과는 채널A 방송에서 몇 번 뵈었고 TV조선 〈이봉규의 정치옥타곤〉에 같이 출연한 것을 계기로 친분이 생겨 많은 도움을 받았다. 정치권에 아는 선배도 하나 없이 종편 방송에 출연해 평론을 하다 보니 힘든 점이 많았는데 그때마다 도와주신 분이었다.

과거 채널A 출연 시절, 반가운 얼굴들이 많다

2012년 대선 패배 후 아는 기자들과 술자리 중에 후배 기자들이 "형, 다 이길 수 있었는데 왜 선거에서 패배한 거예요?"라고 묻자 민 원장님이 "아, 후보를 잘못 뽑았지! 문재인 후보를 잘못 뽑았어."라고 대답했다고 한다. 그런데 이를 듣고 있던 한 후배 기자가 박장대소하며 "형, 내일 우리 방송에 출연해서 이야기 좀 해 줘."라고 권하기에 못 할 게 뭐 있냐며 방송에 출연하게 되었다고 한다.

그렇게 하게 된 첫 출연이 바로 TV조선 아침 뉴스였다. 당시 진행자는 한문철 변호사였다고 한다. 이 방송을 출연하니 또 다른 방송에서 연락이 왔고 그렇게 뉴스 출연을 시작하였다고 한다.

그러던 중 채널A 간판 프로그램인 〈쾌도난마〉 진행을 맡은 박종진 앵커가 전화를 걸어 와 "형, 우리 방송에서도 그거 말 좀 해 줘."라며 출연 요청을 했다고 한다. 흔쾌히 출연한 민 원장님은 민주당 대선 패배 이유를 설명하면서 문재인 후보를 잘못 뽑은 것에 더해 '친노 패권주의'에 대해 이렇게 설명했다.

"친노는 다이아몬드와 같다. 자신은 반짝이면서 아름답게 보이지만 움직이면서 다른 보석들을 아프게 한다."

대히트작이 탄생한 것이다. 바로 이 〈쾌도난마〉 출연 이후 각종편사에서 출연 요청이 쇄도해 단숨에 종편스타가 됐다. 채널A, TV조선, MBN, 연합뉴스, YTN 및 공중파 토론프로그램 등 하루에 6~7개 방송에 출연했다. 2012년 대선 이후 무려 5년을 하루도 빠지지 않고 방송에 출연해 논평을 이어 갔다. 그러다 文정부 들어 보이지 않는 손에 의해 방송에 출연을 못 하게 되면서 유튜브에서 활약하게 됐다.

　내 유튜브에서도 민영삼 원장님은 타고난 입담 덕분에 첫 방송부
터 화제가 됐다. 방송이 끝난 후에 코너 이름을 무엇으로 할까 하
다가 내가 원장님께 "맨날 우리끼리 '따따부따' 하잖아요. 그냥 '따
따부따'로 해요."라고 해서 그렇게 정해졌다. 시청자 반응이 폭발하
면서 '따따부따'는 '배승희 변호사' 채널에서 히트 상품이 됐다.

　따따부따도 매일 방송을 하면서 자리를 잡아 갔고 원장님 덕분
에 내 채널의 평론 수준도 몇 단계나 올라갔다. 원장님과의 호흡
이 맞아 가면서 구독자도 확 늘었고 방송 평균 조회수도 덩달아
올라갔다. 방송 한 번 부탁드린 것이 계기가 되어 2020년 10월 현
재에도 매일 하루에 두 편 이상 따따부따를 방송하고 있다. 시청
자들께 다시 한번 감사의 말씀을 드린다.

따따부따의 초기 섬네일, 2019년 4월경

섬네일의 형태도 바뀌어 갔다.

1. 나도 유튜브 시작해 볼까?

조국 사태가 한창이던 2019년 10월, 광화문에 사람들이 몰려들었다. 평소 사무실에서 방송을 하던 것과 달리 따따부따도 현장에 나가야 하지 않겠냐는 의견이 나와 따따부따 타이틀을 걸고 광화문으로 향했다. 특별한 방송 장비도 없었지만 일단 시민들과 함께한다는 것에 의미를 두고 우리가 가진 장비를 총동원해 무작정 광화문으로 나갔다.

사실 광화문에서 영상을 찍을 생각을 하니 '누가 우리를 알아보기나 할까?'라는 걱정이 들었다. 그래도 조국 사태에 우리가 사무실에서 가만히 있을 수 없었다. 걱정도 잠시뿐, 막상 현장에 가니 많은 분이 알아보고 격려해 주셨다.

방송을 하면서 우리 주변으로 사람들이 계속 늘어났다. 우리가 가는 길마다 "따따부따"를 외쳐 주시고 많은 분이 응집했다.

나도 처음 하는 광장 생방송에 걱정했지만 많은 시청자가 함께하고 따따부따를 즐겨 본다며 사진도 찍었다. 시청자들의 마음이 그대로 느껴졌다.

10월 3일 이후 10월 9일에도 많은 사람이 광화문에 모여들었다.

우리는 시청자들에게 보답한다는 의미로 준비를 많이 했다. 따따부따 옷을 맞췄고 깃발도 맞춰 시청자들이 언제든지 알아볼 수 있게 했다.

많은 시민이 함께했고, 정말 감동이었다. 그 뒤로 따따부따는 서로 의견 조율도 해 가면서 명절에도 쉬지 않고 시청자들을 찾아가고 있다.

1. 나도 유튜브 시작해 볼까?

변호사세요? 유튜버세요?

1. 나도 유튜브 시작해 볼까?

변호사세요? 유튜버세요?

1. 나도 유튜브 시작해 볼까?

유튜브로
남편을 찾았어요!

　유튜브 채널을 개설하고 방송을 할 때만 해도 특별히 이성에 관심은 없었다. 변호사 사무실을 운영하면서 유튜브도 운영하는 일이 쉬운 일이 아니기 때문에 하루하루가 정신없이 지나가고 누구를 만날 생각도 못 하던 때였다.

　2019년 2월 27일, 자유한국당의 전당대회가 열렸다. 정치 유튜브라면 이날 행사에 빠질 수 없었다. 나는 당시에 주로 전당대회와 관련된 뉴스를 소개하고 평론을 이어 갔다. 나는 전당대회 전에도 당대표 선출 과정에서 후보자 토론회를 하면 그 내용을 요약해 내 방송을 통해 보도했는데, 이것이 또 지지자들 사이에서 히트를 쳤다.

　전당대회 당일, 전당대회는 좌우 진영을 가릴 것 없이 중요한 행사이기 때문에 현장에 참석할 수밖에 없었다. 이번에도 스마트폰만 들고 무작정 찾아갔다.

1. 나도 유튜브 시작해 볼까?

사실 전당대회 오전에 외부인이 난동을 피웠다는 뉴스가 나왔다. 그래서 전당대회 출입이 엄격해졌다. 출입증이 없으면 일단 대회장 안으로 들어갈 수가 없었다. 나는 당에 아는 사람도 없고 사전에 초청받은 것도 아니기에 출입증이 없었다. 막상 현장에 가서 못 들어간다고 하니 속상했다. 그러다 우연히 예전에 함께 근무했던 지인으로부터 출입증을 구해 현장에 들어갈 수 있었다.

전당대회 현장에 들어가니 생각보다 많은 분이 나를 알아봐 주셨다. 정치 유튜브를 하시는 패널분들도 많이 와서 함께 인터뷰를 진행하기도 했다. 그렇게 체육관 안쪽에서 인터뷰를 하고 있는데 한 청년이 말을 걸어왔다.

"선배님, 안녕하세요?"

현장에서 먼저 인사를 걸어 온 이 남성은 자신을 내 대학 후배라고 소개하며 방송을 잘 보고 있다고 했다. 자신은 유튜브 '대한민국 청아대'를 운영하고 있다고 했다. 나는 유튜브를 보다가 우연히 본 적은 있다고 했지만 사실 그의 유튜브를 본 적은 없었다. 그렇게 현장에서 연락처를 주고받고 서로 연락하게 되면서 친해지게 되었다.

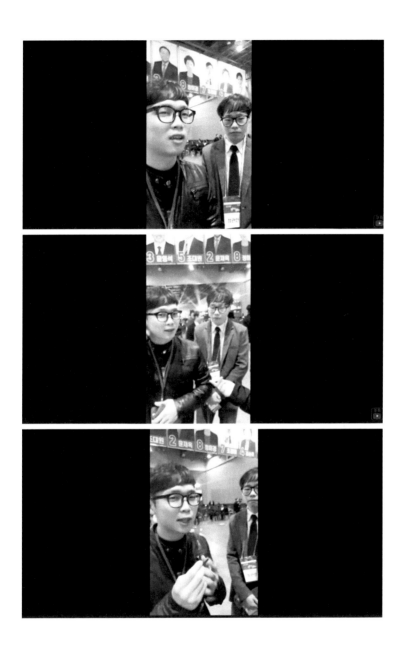

1. 나도 유튜브 시작해 볼까?

학교 후배라고 하니 왠지 모르게 정이 갔다. 나는 당시 남자친구도 없었는데 사실 남자 후배를 보면서 혹시나 하는 마음도 있었다. 물론 그는 나를 전혀 이성으로 생각하지 않았다. 어쨌거나 나는 일부 흑심을 품고 그와 함께 여러 가지 사회 운동을 함께 했다.

특히 '新전대협'에서 대학교에 文정부의 현실을 규탄하는 대자보를 붙였는데 이 대자보를 붙였다고 경찰이 수사까지 나서게 되자 변호사인 내가 대자보를 공개적으로 붙일 터이니 나를 수사하라며 유튜브를 통해 퍼포먼스를 했다.

모교에서 이 대자보를 붙이고 있는데 경찰이 왔다. 여러 가지 시비 끝에 대자보를 떼는 것으로 마무리했다. 공권력의 무서움을 느낀 일이었다.

변호사세요? 유튜버세요?

유튜브 '청아대' 채널과 광화문에 집회가 있으면 함께 가서 방송
을 하기도 했다.

또 젊은 친구들끼리 모여서 이것저것 활동도 많이 하게 되었다.
변호사로서 접하지 못한, 새로운 경험이었다.

대학로 촛불집회 후

유튜브 '청아대' 대표와 우동균 기자

그 후로도 등산 방송을 통해 정치 이야기를 전달하고는 했다. 그리고 서로 마음이 맞아 결혼도 했다. 유튜브를 통해 짝을 찾게 된 것이다.

변호사세요? 유튜버세요?

1. 나도 유튜브 시작해 볼까?

배 변호사님,
변호사세요? 유튜버세요?

내 인생을 돌아보면 순탄치 않았던 것은 확실하다. 면목동 가난한 원단 장사 아버지 밑에서 자라 이러다가 대학도 못 가겠다 싶어 고등학교 2학년 겨울 방학 때 엄마를 졸라 1년에 12만 원 하는 학습지 '케이스'를 신청했다. 매주 조금씩 나눠서 배달되면 그 분량만큼 풀어 가는 학습지였는데, 한 번 보기가 아까워서 보고 또 봤다. 그렇게 어렵게 공부를 해 성균관대 법대에 겨우 들어갔다.

특별히 법대에 관심이 있던 것은 아니었는데 성대 법대를 들어가니 법 공부를 해야 하는 것이 꽤나 괴로웠다. 대학에서 몇 년씩 사법고시에 매달리는 선배를 보고 나니 공부할 엄두가 아예 나질 않았다. 그냥 돈이나 벌어야겠다고 생각했다. 그래서 동기들과 달리 대학 4년 내내 학교보다는 동대문 옷가게에서 시간을 보냈다.

동대문에서 옷 장사를 할 때만 해도 하루하루 벌이가 늘어 나름 대로 부모님을 돕는다고 생각했다. 그러다 문득 '아, 우리 부모님이 내가 여기서 장사하는 것을 원하고 있을까?'라는 생각이 들었다. '공고, 상고 출신의 우리 부모님이 어렵게 돈을 벌어 자식을 대학까지 보내 놨는데 그 딸이 공부는 안 하고 자신과 똑같이 장사를 하는 걸 원하실까?'라는 생각이 머리를 스쳐 갔다. 그렇게 생각하니 지금 장사를 하는 것은 아니라고 판단했다. 그리고 그해 여름 바로 신림동에 들어가 사법고시 공부를 시작했다.

그때 내 나이가 26살이었다. 여자치고는 꽤 늦은 나이였다. 어차 피 그 나이에 별다른 스펙도 없으니 대기업 취업은 포기했다. 매달 릴 곳은 사법고시밖에 없었다. 그렇게 2007년 여름에 공부를 시 작해 2008년 겨울에 1차 합격을 하고, 2009년 제51회 사법고시에 합격해 사법연수원 41기가 되었다.

사법연수원 입소는 나에게는 새로운 세상이 시작된 것이었다. 생전에 만나 보지도 못한 사람들이 모였고, 그 사람들은 전국에 공부 좀 한다는 친구들이었다. 돌이켜 보면 경쟁도 치열했지만 같은 공간에서 같은 목표를 향해 함께하는 것만으로도 연수원 동기들은 친구가 되었다.

그렇게 치열한 2년이 지나고 나는 원하던 검사가 되지는 못했지만 당시 국회의원 당대표실에 사법연수원 최초로 여성 보좌관으로 근무를 시작했다. 물론 해당 의원님이 낙마하시는 바람에 오래 하지는 못했다. 그 뒤로 서초동으로 돌아와 개업변호사로서 활동을 시작했다.

변호사 생활은 한마디로 맨땅에 헤딩이었다. 나를 도와줄 사람도 없고 그렇다고 조언을 구할 사람도 없었다. 할 수 있는 거라곤 새벽 7시에 출근해 '오늘은 뭘 할까?' 고민하는 것이었다.

그렇게 블로그를 시작했다. 그것이 계기가 되어 방송국에서 인터뷰 요청이 왔고, 그 인터뷰를 통해 종편 뉴스에 출연하게 되었고, 그 출연으로 인해 종편에서 고정 패널로 활약하게 되었다. 채널 A 〈돌직구쇼〉의 진행도 맡게 되었다. 그렇게 여러 가지 일을 하다가 유튜브를 통해 시청자들을 만나고 지금은 80만 구독자에 일일 평균 조회수 50만을 넘어서는 유튜버가 되었다.

처음부터 변호사를 하려고 한 것도 아니었다. 사법고시에 합격하면서 변호사 업무도 시작하게 되었고 처음부터 방송에 출연하려고 한 것도 아니었는데 우연히 기회가 되면서 그렇게 방송에 출연하게 되었다. 처음부터 유튜브를 하려고 한 것도 아니었는데 여러 번 출연하면서 내 채널을 개설하게 되었고 그렇게 유튜버가 되었다. 또 유튜브를 통해 만난 인연으로 결혼도 하게 됐다. 모든 것은 계획한 것이 아니었다. 그렇지만 닥치면 열심히 했다. 그렇게 열심히 하다 보니 이렇게 책도 쓰고 사람들에게 나의 정보를 나누는 단계까지 오게 되었다.

내가 일을 하면서 알게 된 것 중 하나는 조카들이 "우와, 유튜브 구독자 몇 명이에요?"라면서 변호사보다는 유튜버인 고모, 이모를 더 좋아한다는 것이다. 몇 년 전만 해도 "우와, 변호사다."라고 했던 아이들이 지금은 '유튜버'라고 좋아한다는 것이다.

반면에 어른들은 '배 변호사'라며 유튜브는 그저 취미로 생각할 뿐이다. 어린 자녀들은 유튜버를 선호하는 반면에 학부모분들은 변호사를 선호하는 것이다. 과연 둘 중 어느 직업이 더 좋을까? 그 해답을 찾아보기로 한다.

2. 직장이 없는 시대

배 변호사님,
남편 직업이 유튜버예요?

결혼을 했다고 하면 따라오는 질문이 "남편은 뭐 하세요?"라는 것이다. 대답을 하기도 전에 이번에는 "남편도 같은 변호사예요? 아니면 의사? 아니면 뭐 사업을 하시나?"라며 질문 공세가 이어진다.

나는 뭐라고 대답을 해야 할까 고민하다가 "유튜버예요."라고 대답한다. 그러면 하나같이 예상하지 못했다는 듯이 "유튜브요?"라고 하며 대화가 끝난다. 반면에 초등학교, 중학교 조카들을 만나서 "남편이 유튜버야."라고 하면 다들 "와!" 하고 감탄하며 "구독자가 몇만이에요?"라고 물어본다.

아직까지 30대 이후 세대에서는 '크리에이터', '유튜버'라는 직업은 신종 직업이다. 그러나 초등학생들부터 중학생, 고등학생에 이

(정치) 잘 몰랐어요

변호사세요? 유튜버세요?

르기까지 10대나 20대의 경우 미래의 직업으로 크리에이터를 꿈꾸는 경우가 많다. 이에 정부도 나서서 '미래 산업·직업 구조 대비 신직업 활성화 방안'을 발표하면서 스마트건설 전문가, 융·복합 콘텐츠 창작자, 데이터 시각화 전문가, 미래차 정비 기술자, 녹색금융 전문가, 커머스 크리에이터 등 6개 직업에 대해 전문 인력 양성 지원을 하기로 했다. 특히 '커머스 크리에이터'는 정부가 야심차게 준비한 신종 직업군 중 하나다. 이처럼 유튜브로 인해 새로운 직업군이 탄생한 것은 분명한 사실이다.

또한 8년 만에 발간된 『한국직업사전』에는 기존에는 없었던 새로운 직업이 이름을 올렸는데 빅데이터 전문가, 블록체인 개발자, 인공지능 엔지니어, 드론 조종사, 미디어 콘텐츠 창작자(1인 크리에이터), 디지털 장의사 등이 있다. 반대로 영화 자막 제작원, 항공기 기관사 등은 자취를 감췄다. 4차 산업 혁명과 기술 발전에 따라 직업이 변화한 것을 보여 주는 단적인 예이다.

크리에이터가 직업으로서 활동하고 기성세대에서 이를 심정적으로 직업으로 받아들이는 데는 다소간의 시간이 걸릴 것이다. 직업이란 출퇴근을 하며 회사를 다니는 일이라는 개념으로서의 고정관념이 아직 남아 있기 때문이다. 그러나 사회적인 연구와 정부의 대처는 이미 빠르게 이루어지고 있다.

2019년에는 한국노동연구원이 1인 미디어 콘텐츠 크리에이터 시장 현황과 실태, 노동 환경에 대해 집중 분석한 「미래의 직업 프리랜서」라는 연구 보고서를 공개했다. 연구진은 2018년 10월에서 11월까지 1인 미디어 콘텐츠 크리에이터들이 등록된 한국 MCN협회의 250명을 무작위로 추출해 설문조사와 심층 면접 방식으로 소득·만족도 등을 살폈는데, 이 조사는 우리나라에서 실시된 크리에이터에 대한 첫 연구라는 점에서 화제를 모았다.[4]

보고서에 따르면 크리에이터를 주업으로 하는 경우는 24.0%, 부업으로 하는 경우는 23.2%, 취미로 하는 경우는 52.4%였고, 주업으로 하는 경우 월평균 소득이 536만 원으로 조사됐다. 부업으로 하는 경우 333만 원, 취미로 하는 경우 114만 원으로 집계됐다. 그런데 특이한 점은 주업으로 하는 경우 최대 5,000만 원을 버는 크리에이터가 있는 반면 5만 원밖에 벌지 못하는 크리에이터도 있어 소득 편차가 크다고 연구진은 부연 설명했다.

덧붙여 크리에이터에 도전했다가 실패해 도태되거나 소득이 없

---

4 "1인 크리에이터 첫 실태조사 나왔다…月평균 소득 536만원", 뉴시스, 2019. 8. 7.

는 사람도 상당수로 알려져 월평균 소득 조사 수치를 크리에이터 평균치로 추정하기는 어려운 것으로 분석했다.

정부의 지원과 연구가 활발히 이루어진다는 것은 그만큼 사회적 이슈이고 다가올 미래에는 유튜브 크리에이터가 직업으로서 자리 잡을 것임을 의미한다. 미래에 없어질 직업을 갖기 위해 현재 공부하는 것은 현명하지 못하다. 빠르게 변화하는 세상에서 최소한 어떤 직업이 살아남고 어떤 직업이 하향세인지는 알고 있어야 하지 않을까 생각한다.

넓은 집이
필요해요

'랜선 등교'

학교에 가지 않고 집에서 인터넷 접속을 통해 수업을 듣는 방식을 '랜선 등교'라 한다. 2학기 다시 랜선 등교가 시작된다는 말과 함께 워킹맘 커뮤니티와 맘카페가 발칵 뒤집혔다. 언론들도 '워킹맘 패닉'이라며 기사를 쏟아냈다. 대통령은 "긴급 돌봄 지원책을 마련하라."라는 지시를 내렸지만 현실은 만만치 않다.

학생들만 집에서 온라인 등교를 하는 게 아니다. 회사에 가야할 아버지들도 랜선 근무, 재택근무를 한다. 코로나바이러스가 유행하면서 대기업 중심으로 재택근무를 시작했다.

삼성전자의 경우 삼성전자 수원사업장에서 청소를 담당한 용역 업체 직원이 확진 판정을 받자 즉시 직장을 폐쇄하고 연구원 전원을 재택근무로 돌렸다. 그뿐 아니라 판교에 있는 IT 회사들은 2단계 거리두기가 시작되자 빠르게 재택근무로 전환했다. 회사를 불가피하게 나오는 경우에도 순환 근무로 배치해 사람 간 접촉을 막고 있다.

흥미로운 점은 재택근무를 실시해 본 기업들이 재택근무가 효율적이라는 것과 직원이 많이 필요 없다는 사실을 동시에 알게 됐다는 것이다. 코로나19를 계기로 기업들은 인력을 더 뽑기보다는 기존의 인력을 줄여 수익을 극대화하는 방식을 취해 가면서 한편으로는 넓은 사무실도 줄이고 있다.

이미 영국과 미국에서는 대형 은행들이 사무실 규모를 축소하고 나섰다. 런던의 경우 2008년 금융위기 이후 직원을 내보내면서 이미 사무실 공간을 축소해 왔는데, 지난 1분기부터 구조조정이 빨라져 사무실을 대대적으로 줄이고 있다. 미국의 경우에는 일반 대기업들마저 사무 공간을 줄이겠다고 발표하고 있다. 뉴욕의 경우 오피스 빌딩 무용론이 확산돼 대형 사무실을 줄이고 근무 형태도 재택근무로 변화하고 있다고 한다.

뉴욕의 전문직 가운데 코로나바이러스 확산 후 재택근무를 했다가 직장으로 복귀한 비율이 10%에 불과해 종전과 같은 사무실이 불필요하다는 인식이 퍼지고 있다. 일본의 경우도 마찬가지인데, 일본 대기업 CEO의 약 40%는 코로나바이러스 확산 이후 사무 공간을 축소할 예정이라고 했다.

우리나라도 다르지 않다. 대기업들은 이미 재택근무 체제로 전환해 업무를 해결하고 있다. 일부 기업은 이미 3단계 거리두기 격상에 대비해 선제적으로 대응하고 있는데, SK이노베이션의 경우 직원 60%가 출근하던 기존의 선택적 재택근무를 '출근 최소화' 재택근무로 변경하면서 일부 필수 근무 인력을 제외하곤 모두 재택근무를 적용해 구성원 간의 물리적 접촉을 줄였다.

CJ는 일부 계열사에서 전면 재택근무를 시행했는데 이를 전 계열사로 확대 중이다. 현대오일뱅크도 30%에 머무르던 재택근무 비율을 50%까지 확대하여 사업장에서 근무하는 인력을 대폭 줄였다. LG그룹도 필수 인원 30%를 제외하고는 전원 재택근무를 실시할 계획을 짜고 있다.

상황이 이렇게 되자 주변 상권도 흔들리고 있다. 재택근무가 활성화되니 넓은 공간의 매장이 필요 없게 돼 버린 것이다. 재택근무가 회사뿐만 아니라 산업 전반에 연쇄적으로 영향을 미치고 있는데 이러한 상황은 향후 2년간 지속될 것으로 추정된다.

아침 9시에 출근해 6시에 퇴근하는 전형적인 근무 방식은 이제 자신의 삶에 맞춰 일하는 재택근무로 변화하면서 생활 방식도 크게 바뀌고 있다. 좁은 집 안에서 아이는 학교, 아빠와 엄마는 회사로 온 식구가 랜선 접속을 하고 있는 것이다.

온라인으로
이동하는 사업들

코로나19 유행 이후에는 쿠팡의 주문량이 폭발적으로 늘었다. 로켓배송 주문량이 330만 건까지 치솟으며 평소 200만 건 주문량에 비해 무려 70%가량 증가해 버린 것이다. 코로나가 잠잠해지면 줄어들 줄 알았던 주문량은 예상과 반대로 더 늘고 있다. 소비 트렌드가 완전히 변한 것이다.

한번 가속이 붙은 이 온라인 쇼핑의 대중화는 이제 일상이 되었다. 계속해서 재확산되는 코로나 때문에 오프라인 매장에서 물건을 구매하는 것이 어려워졌기 때문이다.

소비는 이뿐만이 아니다. 취업준비생과 직장인 교육 시장도 오프라인에서 온라인으로 전환되고 있다. 주 52시간 근무제 시행 이후에 직장인들은 저녁이면 학원에 가거나 소규모 그룹스터디 등 오프라인에서 활동하며 자기계발에 힘썼다. 취업준비생들은 기본적으로 학원에서 영어, 면접 등 필요한 과목을 수강하고 그 후 스터디를 하면서 함께 공부하는 것이 대체적인 패턴이었다. 그런데 코로나 이후 학원이 사실상 폐쇄되고 여러 명이 만나는 모임이 금지되면서 이 오프라인 시장에도 변화가 생긴 것이다.

직장인 교육 시장의 대부분을 차지하고 있는 영어 교육의 경우 비대면 시장, 즉 전화로 하는 영어 교육이 폭발적으로 증가했다. 이런 추세 때문인지 직장인 외에도 성인 교육 시장은 다양한 분야로 확장되고 있다. 단순한 직무 교육에서 벗어나 요리, 미용, 음악, 웹툰 등 전문가로부터 배울 수 있는 동영상 강의, '인강(인터넷 강의)'이 활발해지고 있다. 사실 요리 강의는 직접 만들면서 배우는 강의 중에 인기 강의다. 그런데 이 강의마저 사람들이 모일 수 없으니 인강이 늘어나는 것이다.

취준생들이 주로 가는 스터디카페나 독서실은 폐쇄된 공간이면서 많은 사람이 밀집된 장소이기 때문에 코로나 이후 점차 줄어들 가능성이 높다. 그래서 등장한 온라인 서비스가 있다. 바로 '캠스터디'다. 자신이 공부하는 모습을 영상으로 올리고 이를 서로 공유하면서 강제로 타인과 공부하는 것이다. 오프라인의 공부 공간이 온라인으로 옮겨진 것이다. 교육 시장은 앞으로 비대면 교육이 더욱 활성화될 것이다. 유아부터 성인까지 다양한 분야로 더 확장될 것이다.

공연 및 대중문화도 오프라인에서 온라인으로 옮겨가고 있다. 폐쇄된 공간에 다중이 모여 즐기는 영화, 연극, 콘서트 등은 사회적 거리두기로 인하여 더 이상 모일 수가 없다. 사람들이 모여서 즐기는 형태의 문화생활은 이제 불가능해진 것이다.

관객을 직접 대면하며 노래하고 연기하는 소극장식 공연이나 연극, 뮤지컬, 오페라 등은 코로나로 인해 관객이 뚝 끊겼다. 극장도 사실상 개점 휴업이다. 심지어 국내 최대 멀티플렉스 CGV는 3월 전국 극장 영업을 일시 중단하기도 했다. 상황이 이렇게 되자 정부는 공연업을 특별고용지원업종으로 지정하기도 했다.

시장도 발 빠르게 대응에 나섰다. 오프라인으로 제공하던 공연을 온라인으로 제공하는 것이다. 쉽게 말하면 대학로에서 공연하는 연극을 3차원 가상현실(VR) 버전으로 촬영해 안방으로 내보는 것이다. 이렇게 되면 직접 보러 가지 않더라도 집에서 공연장에서 보는 것과 같은 생생한 느낌으로 공연을 즐길 수 있다.

실제로 LG유플러스가 CJ ENM과 '3D VR 뮤지컬' 공동 제작에 나서 지난 4월부터 자사 인터넷 TV(IPTV)인 유플러스(U+)TV에서 코로나19로 타격을 입은 클래식, 연극, 뮤지컬 등을 매달 네 편씩 내보내고 있다. 어려움에 빠진 공연계를 돕고 비대면 공연 수요에 대응하기 위해 업계가 움직이고 있는 것이다.

대중문화 산업이 동영상 중심으로 재편되면서 가수들의 팬미팅과 콘서트도 온라인으로 옮겨가고 있다. 아이돌 가수의 경우 미니 앨범 발매 기념 팬미팅을 유튜브를 통해서 하기도 하고 콘서트 자체를 유튜브 스트리밍으로 내보기도 했다. 유명 가수들의 공연은 실시간 접속자가 예상을 뛰어넘을 정도로 많아 폭발적 반응을 보이고 있다.

포스트코로나 시대에는 사람을 직접 대면하는 산업이 지속적으로 줄어들 전망이다. 아이의 직업도, 부모의 미래도 예전처럼 준비해서는 안 될 것이다.

변호사
vs 의사

서점을 쭉 둘러보니 미래에는 '직장이 사라진다'는 식의 제목이 눈에 띈다. 장소로서의 직장을 의미한다기보다는 유연한 근무지에 출퇴근도 자유롭게 하며 자신의 능력을 최대한 활용하는 프리랜서가 앞으로의 노동 시장을 장악한다는 의미일 것이다. 이 말을 해석하면 결국 출퇴근을 해야 하는 직장이 사라진다는 것이다.

구체적으로 직장이 사라지는 직업은 무엇일까? 예를 들어, 변호사의 경우 출퇴근을 반드시 해야 할까? 인터넷으로 상담을 받고 이메일로 계약서를 주고받고 온라인 결제를 통하면 의뢰인과 대면하지 않더라도 자문이나 소송을 진행할 수 있을 것이다.

실제로 변호사 업계는 몇 년 전부터 사무실을 공유하면서도 각자 개인사업자로 등록하는 '공유오피스'가 유행하고 있다. 또 앱을 통해서 유료 상담을 하고 그를 통해 수임을 하기도 한다. 코로나 유행 이후에 온라인을 통한 상담 및 수임이 더 활발해지고 있다. 앞으로 이런 추세는 가속화될 것으로 예측된다.

법원은 어떨까? 현재 민사소송, 가사소송 및 행정소송의 경우, 즉 형사소송을 제외한 모든 소송은 모든 서류를 전자로 제출하고 있다. 기존에 종이로 문서를 출력하여 법원에 한 부, 상대방에 한 부, 이렇게 제출하던 것을 단 한 번의 클릭으로 법원과 상대방에게 송달하는 것이다. 이 획기적인 변화에 처음 변호사, 판사, 직원들도 힘들어했지만 지금은 이것보다 편한 것이 없다. 최근 법조계는 전자소송을 더 확장해 형사소송에까지 적용하려는 시도를 하고 있다.

그런데 이를 더 확장해 법원에 가지 않고도 온라인상으로 법원에 접속해 화상으로 출석하고 변론하는 식의 전자법원이 도입될 수도 있을 것이라 생각된다. 민사 재판의 경우 실제 재판정에서 각 사건당 변론 시간이 매우 짧다. 5분 내외의 시간에 진행되는 변론을 위해서 양측 당사자가 법정에 출석하는 것이 과연 효율적일까? 게다가 법정은 폐쇄적인데 재판을 위해 법정 안에서 대기하는 것이 코로나 이후의 시대에도 적합한 것인가 하는 의문도 있다.

법조계는 향후 전자소송의 확대와 더불어 변호사와 의뢰인이 비대면 상담을 하는 등 아예 직장이 필요 없는 전문직으로 변화할 가능성이 크다.

반대로 직장이 사라지지 못하는 직업은 무엇일까? 바로 의료계다. 정부가 원격 진료를 허용하겠다고 하지만 실제로 영상을 통한 진료에는 한계가 있다. 우리나라는 땅이 넓지도 않고 상가마다 병원도 많다. 이런 장소와 숫자의 개념을 떠나서도 환자 스스로가 의사를 대면하지 않고 진단을 받는다는 것을 받아들이기 어렵다. 아프면 어디가 아픈지 실제로 보여 주면서 상담을 하고자 하는 환자가 더 많다.

진단을 넘어서 치료 및 수술을 하게 되는 경우는 반드시 대면을 해야 한다. 아무리 기술이 발달하더라도 모든 수술을 기계가 할 수는 없다. 따라서 의사, 간호사, 간호조무사 등 필수 의료진은 사라질 수 없는 직업이다. 게다가 이 직업을 유지할 공간, 즉 직장인 병원도 사라질 수가 없다. 병원이 사라지지 않는다면 병원에서 일하는 의료진을 제외한 나머지 인력인 청소, 수납, 경영, 회계 등의 일자리도 그대로 유지될 것이다.

전문직이라고 하더라도 근무지가 있고 없고에 따라 이렇게 달라질 수 있다. 변호사의 경우, 직장이 없어지는 형태라면 시장도 그만큼 축소될 가능성이 크다. 변호사가 많이 배출되는 것에 비해서 법조 시장이 외국 시장에 비해서 매우 작기 때문에 외국에서의 투자도 거의 없는 상황이다. 반면 의료계는 무한한 발전의 가능성이 있다. 절대로 없어질 수 없는 직업이기에 더욱 그렇다. 부모라면 진지하게 고민해 볼 필요가 있다.

코로나로 사라진 일자리,
회복 가능?

코로나19 확산 이후 각국 정부는 타국으로부터 유입되는 환자를 막기 위해 국경을 닫았다. 입국 제한조치를 실시한 것이다. 한국도 예외는 아니다. 해외에서 한국인의 입국을 제한하며 격리시키는 일이 발생해 국민들에게 큰 충격을 주었다.

2020년 2월 25일, 인도양의 숨은 보석 모리셔스에 한국인 신혼부부 17쌍이 도착했다. 꿈꾸던 신혼여행의 기대에 한껏 부풀어 입국 절차를 밟는데, 현지에서 신혼부부 중 일부가 감기 증세를 보인다는 이유로 입국을 보류하고 차를 태워 공항에서 1시간 떨어진 곳으로 격리시켰다는 뉴스가 나온 것이다.

자유롭게 여행을 다닐 수 있던 국가들을 이제 가지 못한다는 것에 국민들은 충격을 받았다. 국가 간 이동이 자유롭지 않으니 관광 산업이 자연스럽게 침체를 겪게 됐다. 대표적인 관광 국가인 이탈리아도 올해 침체를 겪고 있고 전 세계 젊은 여행객이 모이는 태국은 고사 직전의 경제 위기에 처했다. 관광객이 오질 않으니 호텔도 개점 휴업 상태고 관광객을 상대하던 음식점들도 휴업 상태다. 관광 산업이 붕괴된 것이다.

여행이 사라지다 보니 해외여행의 핵심인 항공 산업도 함께 추락하고 있다. 전 세계 민간 항공기의 3분의 2가 하늘이 아닌 지상에 정박되어 있다. 항공기를 조정하는 파일럿도 무기한 대기 상태이다. 항공기 승무원들도 집에서 무급휴가를 보내는 상태다. 그뿐만 아니라 기내식을 납품하는 업체들도 큰 타격을 입었다.

한국은행이 최근 발표한 연구보고서 「코로나19의 노동시장 수요·공급 충격 측정 및 평가」에 따르면 코로나발(發) 노동시장 충격이 과거 5년간의 고용위기 때의 5배 수준이라고 한다. 보고서에 따르면 숙박, 음식, 예술, 스포츠, 여가 등 주로 대면 접촉이 많은 업종에서 충격이 컸다.[5]

---

5 "한은, 코로나19 고용·충격 회복까지 오래 걸릴 것", 한국경제TV, 2020. 8. 31.
   "코로나로 노동수요 1인당 월 2시간20분 감소…회복에 10개월 걸려", 이데일리,
   2020. 8. 31.

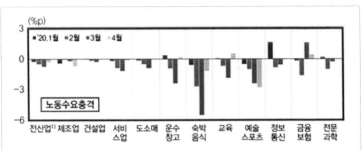

코로나 이후 산업별 노동수요 충격을 나타낸 그래프. 숙박음식업종과
운수창고업종 등 대면 비중이 높은 업종일수록 충격이 크게 나타났음을 알 수
있다. /한국은행

보고서는 구직자들은 일자리가 생기기만 한다면 즉각 지원하는
태도로 바뀔 수 있지만 기업의 경우 신중하게 경기 흐름을 판단한
뒤에야 다시 채용에 나서기 때문에 노동수요 충격이 발생한 경우
회복이 쉽지 않고 기업들이 판단하는 시간이 길어지면 길어질수
록 일자리 회복은 그만큼 느리게 회복되므로 경기가 좋아지기 어
렵다고 판단했다. 쉽게 말하면 한 번 줄어든 일자리는 쉽게 회복
되지 않는다는 뜻이다.

꿈의 직장 '마사회'도
눈물의 비상경영

코로나바이러스가 꿈의 공기업마저 위협하고 있다. '한국마사회'는 공기업 연봉 서열 2위까지 올라 대학생들이 취업을 원하는 '꿈의 직장'으로 꼽히던 곳이다. 마사회는 공기업 가운데 처음으로 코로나의 영향에 따른 인력 구조조정안까지 내놓았다. 안정된 고용과 높은 임금을 상징했던 공기업에도 코로나발 구조조정의 삭풍이 불어 닥치고 있는 것이다.

사실 경마를 온라인으로 중계하고 이에 배팅할 관객을 온라인으로 모집하면 되는 것 아닌가 쉽게 생각하겠지만, 외국과 달리 우리나라는 온라인 경마가 불법이다. 마사회법상 경마는 반드시 '경마장 안에서만 해야 한다. 온라인 경마를 허용하면 경마가 무분별하게 퍼질 수 있기 때문에 온라인 경마가 금지된 상황이기 때문이다.

관중을 받지 못하면 수익을 낼 방법이 없다. 마사회는 지난 5월부터 몇 차례 관중 입장을 허용해 달라고 정부에 요청했지만, 그때마다 코로나바이러스 재확산 우려로 무산됐다. 또한 확산 위협을 무릅쓰며 사행 산업을 지원해선 안 된다는 반대 여론에 정부도 경마장 개장을 쉽게 허용하지 못하고 있다.

무관중 경기를 이어 왔는데, 사실상 경마 수익은 제로에 수렴한다. 마사회가 1주일 동안 경마를 진행할 경우 벌어들이는 매출은 약 1,500억 원이다. 무관중 경마를 진행하면 마사회 입장에선 매주 약 70억 원의 상금 지출이 발생하고, 매출은 발생하지 않아 이를 지속할수록 적자 폭이 커진다. 더 큰 문제는 코로나 사태가 진정된 이후 관중 입장을 재개하더라도 고객 수용 가능 규모는 전년 대비 10% 내외로, 사실상 운영이 어려워질 것이라고 마사회가 전망하고 있다는 것이다.

실제로 마사회는 8월 10일부터 전 직원 무급휴직 실시를 결정했다. 명예퇴직·희망퇴직을 포함해 현재 인원의 10% 이상을 줄이고 전 부서의 신입사원 채용도 중단하는 내용의 비상경영대책 보고서까지 작성했다.

물론 노조는 즉각 반발했다. 그러나 구조조정 자체는 불가피해 보인다. 코로나바이러스의 영향으로 올해 경마 수익이 전무하기 때문이다. 또한 코로나가 계속된다면 내년에도 긴축재정이 필요한데, 마사회 측은 이를 위한 가용자금을 확보해야 하기 때문에 인력을 줄일 수밖에 없는 것이다. 마사회 내부에는 최악의 경우 70년 역사상 처음으로 적자 전환이 될 수 있다는 위기감이 팽배했다.

□ **인력 · 조직운영 및 복리후생 분야**
○ 명예퇴직 및 희망퇴직 포함 현원의 10% 이상 감축
○ 전직종 신입사원 채용 중단
○ 국내외 신규 교육파견 중단
○ 조직 축소 개편(단위조직 145 → 100개 이하)
 • 조직 축소 및 교육파견 중단으로 실무인력 약 100명 확보하여 인원감축에 대응
○ 무급휴직 · 휴업 등 포함 급여 삭감 · 반납 조치
○ 기타 복리후생 전액 삭감

□ **경마상금 분야**
○ 경마재개 시 감축한 상금 범위 내에서 지급토록 경주규모 · 상금수준 조정

"'신의 지장'의 추락…코로나 구조조정 1호 공기업은 마사회", 중앙일보, 2020. 7. 29.

3無 취준생,
차라리 군대에 있자?

"인턴이 아니라 '금(金)턴'이에요."

코로나바이러스 여파로 채용 시장이 얼어붙고 인턴 자리도 구하기 어려워 취준생들 사이에 웃지 못할 용어가 생겨난 것이다. 한국경제연구원이 6일 매출 500대 기업(120곳 응답)을 대상으로 조사한 결과, 하반기 신규 채용을 하겠다고 답한 곳은 네 곳 중 한 곳(25.8%)에 불과했다. 나머지는 '하반기 신규 채용 계획을 아직 세우지 않았다'(50.0%)거나 '채용하지 않을 것'(24.2%)이라고 했다. 고용노동부에 따르면 올 2~3분기에 5인 이상 기업의 채용 계획 인원은 23만 8,000명으로 집계됐다.

코로나 세대의 취업난은 코로나19 이전의 '취업절벽'보다 더 심각

변호사세요? 유튜버세요?
120

할 것이란 분석이 지배적이다. 외환위기와 2008년 글로벌 금융위기는 경제위기였지만 코로나19 사태는 감염병과 경제의 복합 위기이기 때문에 어떤 상황이 닥칠지 예상하기 어렵다는 것이다. 기업들이 예측이 불가능한 상황에서 투자를 늘리거나 다시 예전처럼 채용 인원을 늘리기도 어렵다.

상황이 이렇다 보니 취준생들은 입사지원서를 낼 곳이 없어지고 있다. 운이 좋아 입사지원서를 내더라도 경쟁이 치열해지면서 스펙에 밀려 번번이 낙방하고 만다. 취준생끼리 모이면 낙방하는 친구가 부럽다는 농담까지 한다고 한다. 내 페이스북 친구 중 한 아버지는 "아들이 취업을 위해 100여 개 회사에 지원했는데 단 한 곳도 연락이 온 곳이 없다"며 "이제 우리 아이들은 어디에 취업을 해야 하냐"며 걱정하는 글을 올리기도 했다. 부모 입장에서도 걱정이 이만저만이 아닌데 취업을 준비하는 취준생의 입장은 어떨까? 취준생들은 심지어 코로나19로 인해 토익 등 대형 시험 기회도 없어져 스펙을 쌓는 것 자체가 어려워졌다. 또 소규모로 모여 취업을 준비하던 취업 스터디도 모임 자체가 사라져 그야말로 외딴섬에 갇혀 홀로 취업을 준비하고 있는 것이다.

20여 년 전 외환위기 때 'IMF 세대'라는 용어가 생겨난 것처럼 요즘은 '코로나 세대'라는 자조적인 말이 나돈다. 특히 취업준비생들은 취업 기회, 스펙 쌓기, 인적 네트워크 구축이 사라졌거나 힘들어졌다며 스스로를 '3무(無) 세대'라고 부른다.

상황이 이렇게 되자, 군대를 전역하고 일자리를 찾아보려던 젊은 장병들이 현역병일 때 지원할 수 있는 전문하사 제도를 활용해 군 복무를 연장하고 있다. 전문하사 제도는 현역병일 때 지원할 수 있는데, 병사 복무를 마치고 하사 계급 부사관으로 임관해 기존에 복무하던 부대에서 6~18개월을 추가로 복무하는 제도이다. 장병들이 전역 후 일자리를 찾기 어려운 상황이 되자 유급지원병인 전문하사 제도에 관심을 보이고 있는 것이다.

우리나라 남자 중에 군대를 가고 싶어서 가는 사람이 있을까. 그런데 이 가기 싫은 군대를 제대하지 않고 몇 개월을 더 자진해서 군대에 남아 있겠다는 사람이 늘어나고 있는 것이다. 사회에 나와봐야 취업도 안 되는데 차라리 군대에서 익숙한 일을 하면서 조금이나마 안정적인 수입을 받을 수 있는 전문하사 제도의 문을 두드리는 병장이 늘어났다는 것은 그만큼 우리 사회가 경제적으로 얼마나 어려운지 단적으로 보여주는 예라 할 것이다.

이런 추세는 신입생에까지 나타나고 있다. 2020년 대학에 입학한 학번을 '20학번'이 아니라 '코로나 학번'이라고 한다. 코로나19 때문에 어렵게 대학에 입학하고도 낭만을 누리지 못하는 세대를 '코로나 학번'이라고 하는데, 신입생 오리엔테이션 취소를 시작으로 1학기 강의 취소와 이어진 2학기 온라인 수업 등 대학교 캠퍼스를 밟아 보지도 못한 안타까운 학번이다. 비싼 입학금과 등록금을 모두 낸 신입생들은 이런 상황에 분노하며 대학교를 상대로 수업료 반환까지 요구하고 있다. 또 그들 중 일부는 '차라리 군대나 가자'라며 자원입대를 한다고 한다. 가기 싫은 군대를 신입생이 자원해서 갈 정도니 코로나19로 인한 경제 여파가 캠퍼스에까지 미치고 있는 것이다.

3. 교육의
패러다임이 바뀐다

영화가 현실로 –
전 세계가 동시에 문을 걸어 잠갔다

　2011년 9월에 영화 〈컨테이전〉이 개봉했다. 이 영화의 줄거리는 대략 이렇다. 홍콩 출장에서 돌아온 '베스(기네스 팰트로)'가 발작을 일으키며 사망하고 그녀의 남편(맷 데이먼)이 채 원인을 알기 전에 아들마저 죽는데, 얼마 지나지 않아 세계 각국의 사람들이 같은 증상으로 사망한다. 일상생활의 접촉을 통해 이루어진 전염은 그 수가 한 명에서 기하급수적으로 늘어 순식간에 수천만 명의 감염자를 발생시킨다.

　한편, 미국 질병통제센터의 '치버 박사(로렌스 피시번)'는 경험이 뛰어난 '미어스 박사(케이트 윈슬렛)'를 감염 현장으로 급파하고 세계보건기구의 '오란테스 박사(마리옹 꼬띠아르)'는 최초 발병 경로를 조사하는데, 이 전염병이 박쥐로부터 나온 한 바이러스에서 시작되었다는 것이다. 개봉 당시만 해도 현실과 너무 동떨어진 이야기에 기자나 평론가 평점도 7.8점밖에 되지 않았고 관객 수도 적었다.

그렇게 9년이 지난 2020년, 영화에서 일어난 일이 똑같이 벌어졌다. 원인 불명의 폐렴이 박쥐를 중간 숙주로 하여 중국에 퍼지기 시작해 전 세계로 퍼져 나갔기 때문이다.

2020년 1월 3일경 우리나라 언론들은 "중국 폐렴 확산, 제2의 사스 악몽 공포(머니S)", "제2의 사스 공포, 우한 방문한 홍콩 여성 폐렴 증세에 병원 격리(뉴스1)", "제2의 사스 우려(헤럴드경제)" 등 사우스차이나모닝포스트(SCMP) 보도를 인용해 홍콩에서의 일을 보도했다. 중국에서 정체 모를 호흡기 바이러스가 퍼져 가고 있는데 우한에 다녀온 홍콩 여성이 격리되면서 홍콩은 제2의 사스를 걱정한다는 내용이었다. 2003년, 홍콩은 사스 대유행으로 큰 피해를 겪었기에 이번 중국발(發) 폐렴에 홍콩인들이 바짝 긴장하고 있다고 했다. 당시 홍콩은 7개월째 민주화 시위를 벌이고 있었는데, 홍콩인들은 중국인민해방군보다 후베이성 우한에서 발생한 폐렴을 더욱 무서워한다는 소식이었다.

남의 일로만 생각했던 중국 폐렴 공포는 사우스차이나모닝포스트 뉴스 내용이 우리나라 언론에 보도되고 불과 2주가 지나자마자 현실화되었다. 2020년 1월 20일, 국내에서 '우한 폐렴' 첫 확진자가 발생한 것이다. 국내에서 첫 확진 판정을 받은 중국 국적의 이 여성은 우한시 전통시장을 방문한 적이 없었는데 확진 판단을 받아 더 큰 충격을 주었다. 당시만 하더라도 이 원인 모를 폐렴은 사람 간 전염이 되지 않는다고 알려졌는데, 우한을 방문한 적이 없는 중국 여성이 국내에서 첫 확진자로 밝혀지면서 사람 간 전염이 가능한 것이 아니냐 하는 공포가 시작됐다. 중국 인접 국가들에서 동일한 폐렴 환자가 나오면서 공포는 더 커져만 갔다. 세계 각국으로 퍼져 버린 코로나19 때문에 전 세계는 나라 간 입국 금지를 실시했다. 세계가 문을 닫고 전염병과의 싸움을 시작한 것이다.

혼란은 우리나라도 예외는 아니었다. 코로나 사망자가 발생한 날, 대통령이 영화 〈기생충〉에 나온 '짜파구리'를 먹으며 파안대소한 사실이 알려지면서 국민들은 허탈해했다. 이어진 마스크 부족 사태에 정부를 향한 비난이 커져 갔다. 사회적 거리두기 실시로 인해 자영업자들은 매출이 하락했다. 코로나19로 확진자가 급격하게 늘어나자 2단계 사회적 거리두기를 실시하면서 전 국민이 힘들어졌다. 지금도 끝나지 않는 코로나19 때문에 '코로나블루'라는 신종어까지 생겨났다. 곧 끝날 것 같던 코로나19는 2020년 11월 현재에도 끝나지 않고 있다. 끝을 알 수 없는 코로나19 때문에 사람들의 일상이 바뀌고 있다.

코로나바이러스가
대학 입시까지 미룬다?

2020년 4월, '덕분에 챌린지'와 함께 코로나가 종식될 것처럼 보였다. 그러나 불과 4개월 뒤인 2020년 8월에는 수도권에서 시작된 코로나19 집단 발병 사태가 비수도권으로까지 본격 확산했다. 그러면서 전국적 '2차 대유행'의 우려가 점점 커지고 이에 정부는 8월 23일부터 '사회적 거리두기' 2단계 조치를 수도권에 이어 비수도권으로 확대했다. 문제는 학교도 영향을 받는다는 것이다.

대규모 집단 감염이 발생해 접촉자 조사나 일제 검사가 진행 중인 시·군·구에서는 선제적으로 원격 수업으로 수업 형태를 전환하고, 그 외 지역은 등교 수업과 원격 수업을 병행하되 학생들의 밀집도를 낮춰야 한다. 그 결과 등교하기 자체가 어려워진 것이다.

발등에 불이 떨어진 건 학생들뿐만 아니라 엄마들도 마찬가지이다. 당장 올해 치러야 하는 수능은 연기가 없다고 발표했다. 그렇다면 재수생과 비교해 고3 수험생들이 경쟁에서 밀릴 수밖에 없다. 게다가 서울시교육청이 중·고등학교에 100% 지필 평가를 허용하였다.

사회적 거리 두기 단계별 2학기 평가방식

자료:교육부

1·2단계

중·고교: 수행평가와 지필고사 중 선택
초등학교: 평가 미실시 가능

3단계

중1·2: 성적 산출하지 않는 패스제 도입
중3·고교: 제한적 등교일 활용해 평가 최소화

교육부는 2020년 7월, 훈령인 「학교생활기록 작성 및 관리지침」을 개정하면서 '감염병의 전국적 유행 등 국가 재난에 준하는 상황에서는 지필 평가 또는 수행평가만으로 평가할 수 있다', '초등학교는 지필 및 수행 평가를 실시하지 않을 수 있다'는 조항을 넣었다. 이에 따라 사회적 거리두기 1·2단계에서 대면·원격 수업이 병행되면 중·고교는 수행평가와 지필고사 가운데 1개만 선택할 수 있게 됐다.

문제는 고등학교의 경우, 100% 지필 평가를 선택하면 수시 전형 등에 중요한 과정 중심 평가가 어려워진다는 점이다. 또 한두 차례 지필 평가로 성적이 결정되는 만큼 평가 부담을 키우고 사교육 의존도를 심화시킨다는 지적도 있다. 지필 평가 반영 비중이 대폭 높아지면 학생들이 학원에 쏠리고 학력 격차가 심각해질 수 있다. 또 지필 평가에 치중되면 '교과별 세부능력 및 특기 사항(세특)' 등 대입 수험생이 학생부에 기재할 내용도 줄어들게 된다.

대학들도 난감한 상황이다. 대학들은 당장 9월 원서접수가 시작되는 수시모집의 대학별 고사를 어떻게 진행해야 할지 고민에 빠졌다. 수시모집에서는 면접 비중이 높은 전형이 많은데, 학교에서 지원자를 모아 놓고 대면 면접을 실시하기 어려운 상황이기 때문이다. 특히 체육, 음악, 미술, 무용 등 실기고사가 절대적인 전공은 비상이 걸렸다.

대학들은 확진자에게 비대면 시험을 지원할 방법이 사실상 없고, 만에 하나 병원이나 생활치료시설까지 가서 시험을 지원하려고 해도 파견자의 안전을 담보로 해야 하기 때문에 난감해하고 있다. 서울 모 대학 관계자는 8월 20일 동아일보와의 인터뷰를 통해 "어디에 어느 정도 규모로 마련될지 모르는 상황에서 전형 계획을 세울 수 없을뿐더러, 대학이 한참 바쁜 전형 직전에 별도 인력을 파견하기는 불가능하다. 문제 유출이나 관리 소홀 등의 문제 제기도 나올 것"이라고 말했다.

결국 대부분의 대학은 코로나 이후의 세부 전형안을 마련하지 못한 것이다. 또 다른 서울 대학 관계자는 "8월 초와 지금은 코로나19 확산 상황이 확연히 다른데 교육부는 손을 놓고 있다"며 "최악의 경우 대입 일정 연기까지 대비해야 하는 것 아니냐"라며 우려를 표시했다.[6]

전쟁 때도 치러진 우리나라 대학 입시가 코로나바이러스로 흔들리고 있는 것이다. 이 불안감을 가진 것은 인생을 걸고 입시를 준비하고 있는 학생들도 마찬가지고 이를 바라보는 엄마들도 마찬가지다. 문제는 이 바이러스가 없어질 것 같지 않다는 것이다.

---

6 "2학기 개학 앞두고, 학생·교직원 확진…대학 수시 모집도 난항", 동아일보 기사, 2020. 8. 20.

학교 교육의
변화

코로나바이러스로 인한 '사회적 거리두기'는 우리 삶의 많은 부분을 바꿔 놓고 있다. 일단 출근길에 지하철 이용자가 눈에 띄게 줄었다. 직장에서 점심을 먹을 때도 시간을 교차하며 사람들이 많이 붐비지 않게 한다. 구내식당에서는 한 줄 식사를 통해 사람 간 대화를 금지하고 있다. 또한, 직장 폐쇄가 반복되면서 일부 회사는 아예 자택근무로 그 형태를 바꾼 경우도 있다. 이 변화는 성인들에 국한되지 않는다. 학생들의 일상생활도 완전히 바꿔 놓았다.

유은혜 교육부장관은 2020년 3월 31일, 정부세종청사에서 초·중·고등학생 540만 명의 사상 초유의 '온라인 개학'을 발표하였다. 무려 4번이나 연기된 상황에서 학사 일정을 더 이상 미룰 수 없어 벼랑 끝에서 온라인 개학을 하게 된 것이다. 4월 9일에는 고등학교 3학년과 중학교 3학년이 처음으로 온라인 개학을 했다. 그다음으로 고 1~2학년과 중 1~2학년, 초등학교 4~6학년이 4월 16일에, 마지막으로 초등학교 1~3학년은 4월 20일에 온라인 개학을 하게 되었다.

유 장관은 2020년 4월 10일 온라인 개학 상황실에서 "온라인 개학이 미래교육을 앞당기는 좋은 기회"라고 했지만 갑삭스레 찾아온 온라인 개학은 학생이나 학부모, 교사 모두를 혼란스럽게 했다.

단 하루 만에 우려는 현실이 됐다. 온라인 개학 첫날부터 온라인 수업에 출석하지 않은 학생들이 등장한 것이다. 게다가 EBS 온라인클래스에는 접속 장애가 일어나 많은 학생이 오전 원격 수업을 포기하는 상황이 발생하였다. 교사들이 준비한 수업 영상 또한 업로드가 제대로 되지 않아 수업이 진행되지 못하는 일까지 벌어졌다.

일반 가정에서는 아이들에게 각자 컴퓨터를 사 줘야 하는 상황까지 벌어졌다. 컴퓨터뿐만 아니라 화상으로 진행되는 수업에 맞춰 '웹캠'도 구입해야 하는데, 당시 10만 원 안팎이던 웹캠 가격이 40~50만 원에 거래되기도 했고 이마저도 구하지 못해 아이들이 수업에 참여하지 못하는 일까지 생겼다.

문제는 또 있었다. 온라인 수업에 익숙하지 않은 교사들은 제작부터 수업 진행까지 45분 녹화 영상을 제작하는 데 10시간이 넘게 걸렸다며 수업 준비를 난감해했다. 익숙하지 않은 것은 학생과 학부모도 마찬가지였다. 매일 교사에게 연락해 도움을 청하는데, 선생 한 사람이 처리하기에는 과도한 것이었다. 엄마들은 집에서 수업 진도와 과제물까지 모두 챙겨 줘야 하는 보조 교사 역할을 해야 하니 챙겨 주지 못하는 워킹맘들은 초조할 수밖에 없다.

상황이 이렇게 되니 일선에서부터 불만이 터져 나왔다. 초등 교사 커뮤니티 사이트인 '인디스쿨'에서는 한 이용자의 주도로 사이트 내에서 '유은혜 교육부 장관의 업무 능력을 어떻게 생각하느냐' 등 설문이 이루어졌는데, 조사 결과에 따르면 전체 응답자 중 94.3%는 유 장관의 업무 능력이 불만족스럽다고 답했다. 불만족의 이유 대부분은 코로나 사태에서 드러난 유 장관의 업무 처리 미숙 때문인 것으로 나타났다. 특히 교육부 장관이 교육 현장에 대한 이해가 부족하다는 취지의 답변도 상당수였다.[7]

---

7 "초등교사 95% '유은혜 능력 불만족' '전문성이 있어야지'", 조선일보, 2020. 10. 19.

교육부로서는 온라인 수업으로 인한 어려움도 어려움이지만 고3들의 등교가 더 큰 문제였다. 2020년 5월 19일, 유 장관은 "코로나19 상황이 언제 종식될지 알 수 없고 가을 대유행이 언급되는 상황에서 45만 명 고3 학생들의 상급 학교 진학, 사회 직업 진출의 길을 무한정 유보할 수 없다."라며 등교를 결정했다. 서울시 교육감도 5월 18일 서울 등교 수업 방안을 발표하면서 "고3은 정부의 (매일 등교) 방침이 있고 대학 입시로 인한 학부모 우려도 존재하는 것이 현실"이라면서 20일부터 매일 등교하도록 하겠다고 밝혔다.

수도권 거리두기 2단계 조정에 따른
교육 분야 후속조치 9.13.
교육부

◇ **수도권 원격수업·비수도권 강화된 밀집도 최소화 조치 지속 적용(~9.20.)**
 - (수도권) 원격수업 유지
 - (비수도권) 학교 밀집도 최소화 유지(유·초·중 1/3, 고 2/3)
 ※ 9월 21일 이후의 학사운영 방안은 부총리와 시도교육감과의 논의(9.14)를 거쳐 확정·발표

수도권 원격 수업이 계속 유지되어 학부모들의 걱정을 더 늘어 가고 있다.

고3은 2020년 수시모집을 위해 정상적으로 학교생활기록부를 채우고 1학기 중간고사를 치르려면 반드시 등교할 필요가 있었다. 만약 등교가 미뤄지면 수능과 수시모집 등 대입 일정이 모두 연쇄

적으로 꼬이게 되기 때문이다.

특히 고3 중에는 대학수학능력시험 위주 전형 등 정시모집을 준비하는 학생보다 수시모집으로 대학에 가려는 학생들이 특히 등교를 기다려 왔는데, 그도 그럴 것이 2020년 대입에서 4년제 대학들은 신입생의 77%를 수시모집으로 선발하기 때문이다.

수능은 학교에 가지 못하는 상황에서도 학원이나 인터넷 강의, 원격 수업 등으로 준비를 계속할 수 있지만, 수시모집 핵심 평가 요소인 학생부는 사실상 작성하기 어렵다. 온라인 개학 후 시행해 온 원격 수업 등 교사와 학생이 대면할 수 없는 상황에서는 학생부를 제대로 기재할 수 없기 때문이다. 또 예술고와 특성화고에서는 원격 수업만으로는 제대로 수업이 어렵고 실습이 필수적이라는 점도 고3 등교를 결정한 중요한 이유 가운데 하나다.

고3은
완전히 망했다?

8월 25일은 수능 100일 전이다. 우리나라는 수능 날에는 출근 시간을 늦출 정도로 수능에 각별하다. 그런데 일류지대사 수능 100일 전임에도 수능을 연기할지 안 할지 아직까지 교육부는 결정하고 있지 않다. 불과 3년 전 포항에 지진이 났을 때 대통령의 한마디에 수능이 연기된 것과 비교하면 이해할 수 없는 상황이다. 그럼에도 정부는 올해 수능을 예정대로 12월 3일 치른다는 점을 여러 차례 강조했다.

유은혜 사회부총리 겸 교육부장관은 8월 16일 정부서울청사에서 사회적 거리두기 2단계 격상에 따른 교육 분야 후속 조치를 설명하며 "몇 차례 반복적으로 답변드린 바 있듯이 수능은 12월 3일 시행을 예정으로 준비하고 있다. 계획에 변함이 없다."라고 말했다.

결국 고3들은 불안한 상황 속에서도 중심을 잡고 공부해 수능을 치러야 하고 수시도 준비해야 하는 상황이 된 것이다. 고3 수험생은 9월부터 원서접수를 시작하는 수시모집에 지원하는 경우가 많아 이미 발등에 불이 떨어진 셈인데 교육부는 특별한 대책이 없다.

실제 교육부는 수능 관리 방향을 발표하면서 시험 장소 내 일반 무증상과 유증상을 구분하고 자가격리자는 별도 시험장을 제공하며, 확진자는 병원이나 치료 시설 내에서 시험을 치를 수 있도록 하는 내용을 발표했다. 수능을 연기하기보다는 감염자를 분리해 수능을 치르겠다는 의지를 보여 준 것이다. 감염 확대를 우려하며 개학도 미루고 등교하는 학생 수도 조절한 것과 비교하면 너무나도 다른 태도다.

문제는 또 있다. 원격 수업이 장기화되면서 학력 격차가 확대되고 있다는 것이다. 이미 교육 현장에서는 온라인 수업에 따른 학력 격차가 반영되어 시험 성적으로 나타나고 있다. 당연한 결과다. 학교에서 수업이 제대로 이뤄지지 않으면 기초 학력이 떨어질 수밖에 없기 때문이다. 이는 비단 고3 학생들에게만 국한되는 것이 아니라 초등학교, 중학교, 고등학교 학생들 전반에 걸쳐 나타나고 있는 심각한 문제이다. 코로나19로 인한 사회 문제 중 하나로 급부

전국 사회적 거리두기 2단계 격상에 따른

200822_전국 사회적 거리두기 2단계 격상에 따른 교육 분야 후속조치

교육 분야 후속조치 8.22

교육부

✓ **집단 감염이 지속해서 발생하는**
   시·군·구* 선제적으로 원격수업 전환
   * 대규모 접촉자 조사 또는 일제검사가 진행 중인 시·군·구

✓ **8월 26일부터 수도권 외 지역도**
   사회적 거리두기 2단계 학사운영 적용

✓ **유·초·중학교는 학교밀집도 1/3 이내,**
   고등학교는 2/3 이내로 유지
   강화된 밀집도 최소화 조치

※ 수도권 지역은 강화된 밀집도 최소화 조치 기시행(8.16.~9.11.)
※ 특수학교는 밀집도 2/3를 유지하되 지역·학교여건에 따라 결정,
   소규모 및 농산어촌 소재 학교는 지역방역당국과 협의하여 밀집도 조치
   일부 완화 가능

상하고 있는 것이 바로 '원격 수업에 따른 학력 격차'이다. 특히 가정 형편이 어려운 학생들을 중심으로 기초 학력 미달이 위험 수위에 다다를 정도로 심각하다.

2020년 11월 현재 코로나19 확산세가 잡히지 않고 있다. 이는 국내뿐만 아니라 해외의 사정도 마찬가지다. 치료제나 백신이 공급

되지 않는 이상 코로나19로 인한 원격 수업은 계속될 전망이다. 또 교실에 모여서 수업을 하는 과거 방식으로 돌아가지 않는 이상 원격 수업 혹은 온라인 수업을 통한 학교 교육은 계속될 것이다. 이렇게 되면 우리 아이들의 기초 학력 저하 문제는 더욱 심각한 사회 문제가 될 것이다. 당장 수능을 준비하는 고3 학생들의 경우, 갑작스럽게 맞이하게 된 코로나19로 인하여 가장 큰 피해를 보게 될 것이 자명하다.

자기주도학습의 대세와
포스트코로나

　교육출판전문기업 (주)미래엔이 전국 초·중·고 교사를 대상으로 설문조사를 실시한 결과, 교사 3명 중 2명은 코로나 사태 이후 학교 교육 방식이 바뀔 것이라고 예상했다. 특히 코로나 종식 이후에도 교실에 모여서 수업하는 기존의 오프라인 방식이 아니라 온라인 교육이 우세할 것이고 온라인과 오프라인 교육이 적절히 융화되는 '블렌디드 러닝'이 자리 잡을 것이라고 대답했다.[8]

　의료 전문가들은 코로나바이러스가 향후 2년은 유행할 것이고 백신이 나와도 잡히지 않을 것이라고 예상하는데, 그렇게 된다면 실제로 학교에 등교해서 교육을 실시하는 전통적 방식의 교실 교

---

8 "미래엔 '온라인 수업을 위한 설문'…교사 70%, 포스트코로나 맞는 수업 방식 기대", 조선에듀, 2020. 8. 19.

육으로 다시 돌아가기는 어려운 것이 현실이다.

교사 70%, 포스트코로나 시대 새로운 수업방식 기대

[전국 초·중·고 교사 2,000명 대상 조사 자료 : 미래엔 엠티처]

'블렌디드 러닝'이 대세가 될 것 57.1%

기존의 전통적 교실 수업으로 돌아올 것 27.8%

'거꾸로 교실' 형태가 활성화 될 것 13.3%

Mirae Ⓝ 엠티처

학교를 가지 않고 집에서 수업을 듣고 혼자 공부하는 것은 쉬운 일이 아니다. 일반 성인들도 온라인 수업, 인강을 듣는데 그 지속시간은 대략 잡아 10분 내외다. 하물며 엉덩이를 의자에 붙이고 앉아 있는 것도 싫어하는 아이들에게 꼼짝없이 컴퓨터 앞에 앉아서 수업을 듣게 하는 것이 쉬운 일은 아닌 것이다.

계속되는 개학 연기와 온라인 수업으로 인해 실제 아이들의 성적도 떨어지고 있다. 서울 지역의 한 중학교 교사는 "학생들의 1학기 내신시험 평균점수가 떨어졌는데, 상위권 학생 비율은 그대로인데 특히 하위권 학생들이 늘어났다"며 말 그대로 '중간'이 사라졌다고 하였다. 코로나바이러스가 교육 현장의 모습을 바꾼 것에 더해 중위권이 사라지며 학력 격차까지 생긴 것이다.

학력 격차는 구체적인 통계로도 확인되고 있다. 지난 6월 수험생들이 치른 대학수학능력시험 모의평가에서도 중위권이 줄어든 것으로 나타났다. 이는 수능 모의평가에 국한된 것이 아니고 학교 내신에서도 중위권 붕괴가 현실화되고 있다는 점에서 큰 문제이다. 교육계에서는 여러 통계를 분석하면서 상위권은 유지되는 반면에 중위권이 하위권으로 수렴되면서 상위권과 하위권의 격차가 벌어지는 것에 우려를 표명하고 있다. 코로나19로 인해 학교에서 수업을 제대로 듣지 못하고 사교육에 의존해야 하는 지금의 현실에서 당연히 예상되는 결과이다.

공교육에서 학생 지도의 기준이 되는 중요한 지표는 바로 중위권 학생들이다. 공교육은 상, 중, 하 학생들을 한번에 지도하기 때문에 중위권 학생들을 중심으로 상위권과 하위권을 보조하는 방식으로 지도될 수밖에 없다. 따라서 중위권이 붕괴하게 되면 수업 난이도 책정에서부터 어려움을 겪는 것은 당연지사다. 학생 입장에서는 성적이 떨어지는 경우 공부에 대한 자신감을 잃게 되고 흥미가 사라지면서 공부에 소홀하게 되고 결국 성적이 떨어지는 악순환에 빠지게 된다.

　학습 격차가 생기게 된 근본적인 이유를 살펴보자. 온라인 수업이 실시되자 상위권 학생들은 학교에 나오지 않아도 늘 하던 대로 공부를 하는 반면에 중위권 이하 학생들은 강제성이 없어 공부를 하지 않게 되기 때문이라고 짐작된다. 즉, 공부하는 방법을 이미 터득한 상위권 학생들은 교실 수업이건 온라인 수업이건 성적에 영향을 받지 않지만 그 외의 중위권 이하 학생들은 환경에 따른 영향을 많이 받는다는 것이다.

　하위권 학생의 경우는 기초 학력도 문제고 아직 공부 습관이 자리 잡지 않은 경우가 많다. 그런 학생들은 학교나 학원에서 주변 친구들과 함께 공부하며 습관을 잡아 가야 하는데 학교와 학원이 문을 닫아 공부하기가 어려워지는 것이다. 중위권 학생들은 조금만 공부를 열심히 하면 상위권에 진입할 수 있는데 사실상 자율학습에 가까운 온라인 수업을 하다 보니 어떻게 공부를 해야 하는지 혼란스럽고 상위권으로 올라갈 기회까지 놓쳐 버리게 되는 것이다.

　중위권 이하 학생들은 학교에 오지 않고 혼자 공부하는 경우에는 물어볼 친구도 없고 자신이 무엇이 부족한지도 깨닫지 못하기 때문에 성적이 오를 수가 없다. 게다가 온라인 접속은 필연적으로 딴짓을 하게 만든다. 인터넷으로 접속해야 하기 때문에 다른 사이트도 동시에 접속하다 보면 수업의 집중도도 떨어지고 또 게임도 쉽게 할 수 있어 게임에 과몰입하게 된다.

문제는 2학기에도, 그리고 내년에도 이와 같은 상황은 계속될 것이라는 점이다. 앞서도 살펴봤듯이 교사들은 앞으로 수업 방식이 전통적인 교실 수업이 아니라 온라인 수업을 중심으로 진행되며 보조적인 등교를 할 것이라고 예상하고 있다. 이럴 경우 중위권 붕괴는 가속화될 전망이다.

등교하지 않으면 필연적으로 집이나 다른 공간에서 혼자 공부해야 하는데, 바로 이 '혼공'이 자녀 교육의 핵심이 될 전망이다. 혼자 공부하는 것은 매우 어렵다. 수업을 듣는 것부터 쉽지 않기 때문이다. 현명한 엄마라면 아이 교육을 시작할 때부터 혼자 공부하는 습관을 제대로 들여야 할 것이다. 앞으로의 자녀 교육 방식 중에 가장 중점적인 교육은 바로 '자기주도학습'이 될 것이다.

1020
줌 스트레스?

학교에서 원격 수업이 지속되고 그 교재로 유튜브를 사용하는 수업이 늘어나자 한 학부모는 지난 9월 2일, 청와대 국민청원 게시판에 "원격 수업 이름하에 유튜브 자율학습을 하고 있는데 언제까지 우리 아이들을 방치할 것이냐?"라며 항의성 글을 올렸다. 온라인 수업을 명목으로 유튜브로 자율학습을 시키다 보니 수업과 관련이 없는 영상까지 시청하는 자녀들을 보고 있으면 부모로서 화가 나는 것은 당연하다.

원격 수업 자체 때문에 자녀의 기초 학력이 떨어지는 것을 눈 뜨고 보고 있어야 하니 교육 당국에 대한 부모들의 원성 또한 자자하다. 그러나 교육부는 교실에 학생들이 모일 경우 코로나19 재확산의 우려가 있어 코로나19 이전처럼 교실에 모여 공부할 수 없다

이건 원격수업이 아닙니다. 언제까지 우리아이들을 방치하실 예정이십니까?

참여인원 : [11,315명]

카테고리 육아/교육　　청원시작 2020-09-02　　청원마감 2020-10-02　　청원인 naver ···

는 입장이다.

대학의 경우는 어떨까? 나와 친하게 지내는 대학교수님께 물어보니 1학기도 온라인 수업으로 대체했는데 2학기도 별반 다르지 않다며 교정에 나가는 일은 없다고 한다. 결국 대학에서도 비대면 강의가 주를 이루고 있는 것이다. 이 비대면 대학 강의에서 많이 쓰는 플랫폼 중의 하나가 교수와 학생 간 소통이 가능한 '줌(ZOOM)'이다. 이는 학교뿐만 아니라 일반 회사와 국회의원들의 비대면 회의에서도 사용되고 있는 가장 흔한 플랫폼이다. 또 우리나라뿐만 아니라 외국에서도 많이 사용하는 플랫폼이다.

문제는 이 플랫폼을 통해 얼굴을 확인하는 과정에서 '갑툭튀 고민'이 생겼다는 것이다. 갑자기 튀어나온 고민은 다름 아닌 '외모'와

'사생활'이다. 체면을 중시하는 우리나라 국민 특성상 수업 내내 자신의 얼굴이 비치고 있는 것 때문에 수업의 내용보다도 '외모'에 신경 쓰고, 화면에 보이기 싫은 집안 환경이 나와서 이를 가리기 위해서 고민이 많다고 한다.

대학교 온라인 커뮤니티에는 이와 관련해서 수업을 들을 때도 화장을 해야 하는지, 마스크를 써야 하는지, 어떻게 하면 줌 화면에서 얼굴이 좀 더 예쁘게 나올 수 있는지 등 고민하는 글이 올라온다고 한다. 유튜브에 줌과 관련한 영상을 찾다 보면 줌에서 얼굴 화면 보정하는 기능과 가상 배경을 까는 방법 등을 알려 주는 걸 심심치 않게 볼 수 있다. 그만큼 화면에 비치는 자신의 모습 때문에 정작 중요한 수업 내용은 뒷전이 되는 웃지 못할 상황이 벌어지고 있는 것이다.

그럼에도 불구하고 학교 선생님들이나 교수들은 학생들의 얼굴이 나와야 강의에 집중하는지, 또 그 학생이 수업에 참여하는지 알 수 있기 때문에 얼굴이 나오는 것을 선호한다고 한다. 학부모 입장에서도 단순히 유튜브 자율학습을 하는 것보다 선생님이 직접 나와 라이브로 강의하는 것이 더 선호도가 높다.

원격 수업 자체가 교육 현장에서는 초기 단계이기 때문에 모두를 만족시키는 비대면 수업을 기대하기는 어려운 것이 사실이다. 그러나 코로나19가 계속된다면 온라인 수업으로의 전환은 필연적이다. 온라인 수업을 듣는 방법까지 가르쳐야 하냐는 또 다른 고민이 생길 수밖에 없다.

학교 친구 사귈 수 있을까?
인맥이 중요한 사회가 온다

"아이가 친구를 사귈 기회가 없어요."

코로나바이러스 이후 어린 자녀를 둔 학부모들의 걱정이 이만저만이 아니다. 학교를 가지 않으니 하루 종일 집에서 돌봐 줄 사람이 필요하다. 정부가 제공하는 돌봄 서비스는 이미 끝난 지 오래다. 정부가 거리두기를 강화하고 학교 등교를 미룸으로써 돌봄 서비스가 필요해지자 각 지자체가 추가로 돌봄 서비스를 제공하고 있지만 만족스럽지 못하다.

학부모가 번갈아 가며 아이를 돌보기 위해 휴가를 쓰지만 이 돌봄 휴가도 기껏해야 10일이다. 이에 정부와 여당은 돌봄 공백이 발생한 가정의 구성원에게 주는 가족 돌봄 휴가(현행 연간 10일)를 10일

더 연장할 수 있도록 했고, 그 구성원이 한부모 가족의 부 또는 모인 경우엔 15일까지 연장할 수 있도록 하는 법 개정까지 빠르게 추진했다. 그러나 상황은 해결되지 않는다.

결국 시댁부터 친정까지 온 가족이 총출동해 아이를 보고 있다. 시댁과 친정에 용돈이라도 드리고 나면 월급은 사실상 마이너스다. 그래도 회사에 다녀 밥벌이라도 해야 하니 참고 견디고 있는데 이렇게 돌봐 줄 사람을 구한다고 해서 걱정이 끝나는 것이 아니다. 아이가 집 안에 있는 시간이 길어지면서 아이에 대한 어른들의 잔소리가 길어지고 자녀끼리 싸움도 늘어나고 있다.

1학기에 이어 2학기 등교마저 불투명해지고 사실상 1년을 내리 집에서 랜선 등교를 하는 상황이 지속되면서 친구를 사귈 기회가 없어져 버렸다. 친구를 사귈 수 없어 사회성을 익히지 못하니 학부모들의 고민이 또 생긴 것이다. 친구와 교사, 사람 간의 관계 속에서 배우고 익히는 사회성은 눈에 보이진 않지만 인생을 살아가는 데 있어서 매우 중요한 요소이다. 학교를 다니는 것이 비단 학업 성취만을 위한 것이 아니라는 것을 학부모들은 잘 알고 있다.

등교를 하지 못함으로써 아이가 제때 갖춰야 할 기본적인 소양도 배우지 못하는 현실이 된 것이다. 이제는 사람끼리 만나서 문제를 풀어 나가는 인간관계, 사회성도 온라인 교육을 통해 배워야 하는 세상이 온 것이다. 학부모들은 사람을 직접 만나기 어려운 시대인 만큼 책을 통해서라도 간접적으로 사회성을 익혀야 하나 걱정하고 있다.

코로나가 장기화되면서 정부는 사회적 거리두기를 고강도로 실시하고 있다. 현재 시점에서 미래를 정확하게 예측하기는 어려운 일이지만 이러한 추세가 지속된다고 가정한다면 앞으로 우리 자녀들이 사회적 관계를 맺을 수 있을까 하는 걱정이 앞선다. 앞으로의 사회는 오히려 더 폐쇄적인 인맥을 형성할 가능성이 높다.

바꿔 말하면 사람을 만날 때 아는 사람의 소개를 통해 신원이 확실한 사람, 코로나에 걸리지 않은 사람 등 보장이 되는 사람끼리 서로 소개해 주며 만남을 가질 것이다. 실제로 코로나 사태 이후 결혼정보업체 이용률이 급증했다. 한 업체에 따르면 2020년 1분기에는 가입자가 감소했지만 2분기부터 가입률이 증가세로 올라가더니 3분기에는 증가 폭이 더 커졌다고 한다. 결혼정보업체의 만남은 1 대 1로 이루어지는 만큼 코로나 감염 위험에서도 비교적 안전하다는 점과 함께 가입 시에 신분을 보장할 수 있는 서류를 제출하기 때문에 신원 파악에 용이하다는 점도 가입률 증가의 원인으로 분석된다.

2020년에 우리 자녀들은 코로나바이러스로 인해 새 학기에 맺어야 할 친구 관계를 전혀 맺지 못했다. 내년에 정상 등교를 한다고 하더라도 1년간 같은 반이었지만 얼굴도 못 본 채 지나간 친구들이 더 많을 것이다. 앞에서도 살펴봤지만 이제 전통적인 학교 수업으로 돌아가는 것은 불가능하다. 온라인 수업이 대부분을 차지하게 된다면 오프라인에서 관계를 맺는 친구는 이미 알고 있는 친구이거나 학부모끼리 알고 있는 자녀들일 것이다. 극단적으로 보면 부모의 인맥이 자녀의 인맥이 되는 상황이 되는 것이다.

대학 간판,
필요해?

"어느 대학 다녀요?"

"서울대요."

"어느 대학 나오셨어요?"

"○○대입니다."

"무슨 전공이세요?"

　세상이 바뀌지 않는 이상 엄마가 내 아이만큼은 좋은 대학, 명문 대학에 보내고 싶은 것은 당연하다. 서울대 출신이나 소위 말하는 'SKY' 대학 출신의 경우 보통 전공이 무엇인지 잘 묻지 않는다. 그 학교를 나왔다는 것 자체로 사회적인 인증을 받기 때문이다. 실제로 내가 아는 신문 기자가 있는데, 이분은 꽤 높은 자리까지 올라갔다. 그런데 이분은 신문·방송 쪽과는 전혀 관계가 없는 학과 출신인데, 사회생활에는 전혀 영향을 받지 않았다. 그는 서울대 출신이다. 소위 SKY 대학은 전공 불문으로 우리 사회에 널리 통용되고 있는 게 현실이다. 학력이 중요하지 않고 능력이 우선이라고 하지만 여전히 출신 대학이 중요하긴 하다.

대기업, 중소기업 가릴 것 없이 최종 합격 단계에 가면 출신 학교를 따지기 마련이다. 신입사원 채용에서 가장 손쉬운 구분법이 바로 출신 대학이기 때문이다. 고등학교 성적, 지원자의 성실성, 사회 통념적 인격 등을 출신 대학이 어느 정도 보장한다는 고정 관념 때문이다.

이런 기준은 로스쿨 입학 과정에도 고스란히 반영됐다. 로스쿨 입학 과정에서 출신 학교별로 각기 다른 점수를 매기고 있다는 사실이 드러난 것이다. 알게 모르게 그러리라 막연히 생각했던 것이 실제 현실에서 일어난 것이다. 서울대를 기준으로 학교를 순위별로 나열해 등급을 구분하고 학교마다 차등 점수를 부여한 것이다. 이렇게 되면 같은 LSAT 성적을 받고도 서울의 특정 대학 출신이 지방대보다 더 높은 면접 점수를 받게 되는 불합리한 결과가 나오는 것이다. 이러한 역차별의 문제를 학교는 '자율과 고유권한'이라며 대학 서열을 공식으로 인정하고 있다.

결혼정보회사는 어떠한가. 결혼정보회사는 아예 드러내 놓고 학력을 거래한다. 회원 가입 때 부모의 학벌과 회원 개인의 출신 학교를 기재하고 졸업 증명서까지 확인한다. 대학에 따라 만날 수 있는 상대의 범위가 달라져 버리는 것이다.

내가 사법연수원 시절 가장 놀랐던 것은 사법연수원 내에 서울대 출신이 굉장히 많다는 점과 그들은 동문을 조직하지 않는다는 점이었다. 내가 다닌 성균관대학교만 하더라도 그해 합격자가 80여 명이 넘는데 동문 모임을 자주 했던 편이다. 고려대, 연세대도 반마다 모임을 만들고 따로 활동하기도 했지만 서울대는 그러지 않았다. 이유인 즉, 합격생이 너무 많아 굳이 조직화할 필요가 없었기 때문이다. 사법연수원 각 반에 90여 명 정도인데 그중 절반이 서울대 출신이니 거짓말 조금 보태면 눈만 돌리면 전부 서울대인데 무엇 하러 동문회를 따로 만드느냐는 것이었다.

우리나라에서 사회 진출 입문 초기에 서울대의 힘이 가장 잘 드러나는 곳이 바로 사법연수원이다. 연수원 수료 후 판·검사로 임용되거나 로펌으로 직장을 구할 때도 서울대의 위력은 대단하다. 알게 모르게 선·후배 간 연락을 통해 취업 정보를 공유하고 소개해 주면서 자기들만의 리그를 만들고 있다. 이는 한 예시에 불과한데, 우리 사회 광범위한 분야에 학벌이 끼치는 영향은 대단할 것이다.

학벌은 취업 시장에서 무엇보다 중요하게 작용한다. 사실 취업에 국한된 것도 아니다. 회사 승진 과정에서도 출신 학교는 빼놓을 수 없는 요소다. 고졸 신화로 삼성그룹에서 임원까지 한 더불어민주당 양향자 의원이 주목을 받은 것도 거꾸로 말하자면 이런 일이 거의 일어나지 않기 때문이다.

대기업 고위직으로 가면 상당수가 서울대 출신인 점을 부인할 수 없다. 국회의원들의 학벌도 SKY에 몰려 있는 것을 보면 대한민국은 아직까지 서울대를 비롯한 명문대 피라미드하에 있다고 해도 지나친 말이 아니다.

앞서도 살폈지만, 코로나 이후 세상은 아는 사람끼리, 신원이 확실한 사람끼리 소개하며 인맥이 형성될 가능성이 매우 높다. 다중이 모이는 것을 꺼리고 모르는 사람이 있으면 불편해하기 때문에 아는 사람끼리 인맥이 형성되는 것이다. 그렇게 되면 우리 자녀 세대부터는 더욱이 학벌 위주의 인맥이 형성될 가능성이 높다.

엄마, '잠뜰' 알아?
'도티'는?

전염병 확산에 가장 취약한 것은 집단생활이다. 거기에 면역력이 약한 어린아이들이 모여 있다면 퍼지는 건 시간문제다. 그 두 가지가 결합된 곳이 바로 '학교'다. 수능 100일 전인 8월 25일, 유은혜 교육부장관은 수도권 전 지역 학교에 전면 원격 수업을 지시했다. 코로나바이러스 확산 방지를 위해 등교해서는 안 된다고 한 것이다. 그러면서 아직까지 수능은 그대로 실시할 것을 밝혔다. 대학 입시 등 진로·진학 준비를 위해 대면 등교 수업이 필요한 고3의 경우, 등교를 허용했다.

고3을 제외하고 대부분의 학생은 온라인 수업을 대전환을 맞이하게 된 것이다. 온라인 수업은 단순히 강의만 보게 되는 게 아니다. 온라인 수업을 듣는 대부분의 학생은 집중도가 10분 내외다.

집중력 연구 결과 등을 보면 사람의 일반적인 집중력 한계 시간을 15분으로 추산한다. 따라서 온라인 수업이 15분을 넘어가면 집중력은 떨어질 수밖에 없다. 집중력이 떨어지면 무엇을 할까?

학생들이 온라인으로 강의를 듣게 되면서 유튜브를 통해 동영상을 접할 기회가 많아진다. 수업을 듣다가 궁금한 게 있으면 엄마 세대는 '네이버 검색'을 하지만 아이들은 '유튜브 검색'을 한다. 어떤 정보를 접할 때 눈으로 읽는 것보다 귀로 듣는 게 훨씬 효과적이다. 책을 그냥 혼자 읽을 때보다 학원에서 선생님이 읽으면서 강의할 때 더욱더 기억에 오래 남는 것이 바로 그 예이다. 그래서 아이들은 네이버 검색보다 유튜브 검색을 선호하고 귀로 듣는 강의에 익숙하다.

문제는 아이들이 자주 접하게 되는 유튜브를 통해서 '나도 유튜브를 하고 싶다.'라는 충동에 빠진다는 것이다. 이것은 엄마 세대에도 나타나는 현상이다. 실제로 주방 가전을 검색해 보면 엄마들이 자신이 경험한 가전제품을 리뷰 영상으로 제작해 올린 경우가 꽤 많다. 그뿐만 아니라 엄마들이 궁금해하는 주제를 잡아 영상을 올리는 경우도 굉장히 많다. 이는 유튜브 자체가 특별한 재능이 필요한 것이 아니기 때문이다. 접근성이 좋다는 점에서 누구나 영상을 제작해 올린다. 이 덕분에 유튜브는 최근 대한민국에서 가장 많이 사용하는 앱 1위로 꼽히기도 했다.

엄마들이 이 정도로 관심이 있는데 아이들은 어떨까? 아이들은 영·유아기부터 유튜브를 접해 왔다. 식사 시간에 동영상으로 '뽀로로'를 보기도 했고 '타요'를 보기도 했다. 유튜브는 아이들과 함께해 온 것이다. 그래서 아이들이 초록색 검색창보다 빨간색 검색창을 더 선호하는 것이다. 아이들이 관심을 갖는 것은 또 다른 측면에서 도전해 보겠다는 의미이다. '남들도 하는데 나도 할 수 있지 않을까?' 하는 생각에 쉽게 도전하게 된다.

아이들이 온라인 강의보다 더 익숙한 것은 '게임 방송'이다. 유튜브 채널 중 초등학생과 중학생들에게 인기 있는 채널이 '잠뜰 TV'다. 사실 '잠뜰'의 본명은 박슬기다. 박슬기 씨(95년생)는 개인 방송 BJ 이외에도 '도티와 친구들'이라고 해서 초통령 '도티'에게 속해서 활동했다. 간략하게만 설명하면, '도티와 친구들'이 해체한 뒤에 잠뜰은 '도티와 친구들' 중 나머지 친구들인 각별, 수현, 라더, 공룡, 덕개 등과 함께 '잠뜰크루'로 활동하고 있는데 크루마다 인기가 하늘을 찌른다.

박슬기 씨는 2014년 5월 31일에 유튜브 방송을 시작해 2016년 4월에는 50만 구독자를 달성하고, 2017년 3월에는 100만 구독자 달성, 2020년 8월 현재는 220만 구독자를 구축하고 전방위로 활동하며 돈을 벌고 있다. 이 '잠뜰 TV'에서 하는 그 게임이 바로 '마인크래프트'다. 얼마나 유명한지 대통령은 어린이날 바로 이 게임 캐릭터로 아이들을 만나기도 했다.

엄마들이 TV를 보는 사이 우리 아이들은 이렇게 또 다른 세상, 유튜브로 자신들만의 진지를 구축하고 그곳에서 스타를 만들었으며 자신이 또 다른 스타가 되기를 꿈꾸고 있다. 유튜브는 아이들에게 더욱 무궁무진한 세상이다. 이 유튜브 세상에서 아이들은 자신의 꿈도 키워 간다. 아이들 스스로가 나도 '도티'처럼, 나도 '잠뜰'처럼 유튜브 스타가 되고 싶어 하는 것이다. 엄마가 유튜브를 직업으로 삼겠다는 아이를 그저 잘한다고 응원할 수 있을까? 이러한 고민을 하나씩 해결해 보고자 한다.

4. 엄마, 나 공부 안 해도 돼?

선생님이 자꾸
유튜브를 보라고 해요

"아이가 완전히 유튜브에 중독됐어요. 선생님이 자꾸 유튜브를 보라고 한다네요."

초등학생 자녀를 둔 엄마들이 하는 신종 고민이다. 교사들이 수업을 진행하면서 그 보조 자료로 유튜브 동영상을 활용하는데, 교사들로서는 영상 저작권 때문에 자신이 직접 영상에 활용할 수 없어서 궁여지책으로 학생들에게 유튜브 동영상을 추천하면서 벌어진 일이다. 교사 입장에서는 5분, 10분짜리 참고 영상을 보라고 권유하는 것에 불과한데 학생들 입장에서는 상황이 180도 다르다.

유튜브는 네이버와 달리 검색을 기반으로 하는 것이 아니라 인공지능에 의한 알고리즘에 의해 시청자에게 비슷한 영상을 추천하는 시스템이다. 따라서 학생들이 교사가 추천한 영상을 보고 나면 그와 비슷한 영상이 추천되어 자연스럽게 다른 영상을 볼 수밖에 없다. 특히 스마트 미디어를 제한해 온 유치원생과 초등 저학년생마저 유튜브에 노출되어 아이들의 유튜브 중독이 심화되고 있다.

심지어 한 초등학교에서는 1~2교시는 EBS 시청, 3~4교시는 '유튜브 영상 보며 종이접기 따라 하기'같이 아예 유튜브를 수업 중심으로 삼는다고 한다. 또 어느 학교는 아예 수업 과제로 '유튜브 영상 40개 보기'를 내 줬다고 한다. 이를 본 학부모들은 "교사는 도대체 출근해서 뭘 하는 거냐?", "선생님은 왜 자꾸 유튜브 영상을 보라고 하냐?"라며 반발하고 있지만 유치원까지 원격 수업으로 전환되면서 이 같은 현상은 앞으로도 지속될 전망이다.[9]

교사들은 어쩔 수 없다는 반응이다. 원격 수업 흥미를 높일 동영상 자료가 제한적인 상황에서 저작권 침해 걱정 없이 쓸 자료가 유튜브뿐이라고 항변하고 있다. 특히 다른 자료를 썼다가 저작권 침해 소송이라도 당하면 교사 개인이 책임져야 하는데 법적인 문제 없이 쓸 수 있는 자료는 유튜브밖에 없다는 것이다.

---

9 "학습지 교사도 이렇겐 안해… 학부모들 '원격수업 아니라 방치'", 조선일보, 2020. 9. 14,

문제는 그 대가를 아이들이 치르고 있다는 점이다. 최근 여성가족부가 조사한 '2020년 인터넷·스마트폰 이용습관 진단조사'에서는 초중고생 133만여 명 중 과의존 위험군이 23만 명으로, 전년 대비 10.6% 폭증했다. 특히 초등생 과의존이 1만 명 가까이 늘어 가장 급증했다.

교육부는 저작권 침해와 관련해서
'슬기로운 원격수업 저작권 생활'이라는 홍보물을 제작했다.

사용량의 증가도 문제지만 저학년생마저 무분별한 온라인 콘텐츠에 노출될 수 있다는 점에서 또 다른 문제도 제기된다. 유튜브 알고리즘에 따라 비슷한 주제나 장르 영상이 추천되면서 다양한 영상을 볼 수 있는데, 그 과정에서 성인물에 노출될 수 있다.

유튜브의 경우 성인인증 없이도 이용이 가능하기 때문에 아이들은 공부를 위해서 검색하던 중 불시에 성인물에 노출될 가능성이 있는 것이다. 상황이 이러니 학부모들의 걱정은 더 커질 수밖에 없다.

유튜버에 열광하는 아이들!
아이돌보다 좋아하는 이유

　구독자 2,610만 명을 보유한 '보람튜브 브이로그'는 부모가 아이를 직접 찍어 올리는 형식인데, '보람튜브'를 운영하는 유튜버 보람 양의 가족들은 유튜브 광고 수익을 통해 강남구 청담동에 95억 빌딩을 매입했다.

　미국의 유튜브 분석 사이트 '소셜블레이드'에 따르면 2019년 한국의 유튜브 채널 중 광고 수익 1위와 2위는 '보람튜브 토이리뷰'와 '보람튜브 브이로그'였다. '보람튜브 토이리뷰'는 매월 최소 19억 원 이상, '보람튜브 브이로그'는 매월 최소 18억 원 상당의 광고 수익을 받는 것으로 추정되었는데 연 매출로 따지면 400억 원이 넘는다. 이는 웬만한 중소기업의 순수익을 훨씬 넘는 수익이다.

박막례(47년생) 할머니는 유튜브를 통해 제2의 인생을 살고 있다. 과일 장사부터 가사 도우미, 공사장 백반집 운영, 식당 운영 등 50년 이상 일하며 혼자서 2남 1녀를 키운 할머니는 2016년 의사로부터 "치매를 주의하라"는 청천벽력 같은 소리를 들었다. 박 할머니는 자신의 언니들이 치매로 고생하는 것을 보고 꽤 걱정이 많았다. 손녀인 김유라 씨는 할머니의 치매 예방을 위해 게임을 가르쳐 드렸지만 별다른 효과가 없자 치매 관련 논문을 찾아보다가 '자유로운 해외여행'이 도움이 된다는 것을 보고 연차를 내 할머니와 여행을 가려고 했다. 그런데 회사에서 연차를 받아 주지 않자 홧김에 (?) 사표를 쓰고 할머니와 호주로 여행을 갔다.

사실 영상이 처음부터 화제를 몰고 온 것은 아니었다. 가족끼리 보려고 만든 영상 중 '치과 들렀다 시장 갈 때 메이크업'이라는 제목의 영상이 화제가 된 후 단시간에 15만 구독자를 달성하면서 탄력이 붙었고 그 뒤 호주에서 찍은 영상을 편집해 '박막례 할머니의 욕 나오는 호주 케언즈 여행기'로 대히트를 쳤다. 2020년 현재 구독자는 131만 명이다. 할머니의 영상 조회수로 추정해 보면 그 수익도 상당할 것으로 예상된다. 유튜브 광고 수익뿐만 아니라 각종 강연료 및 출판으로 인한 인세 등 파생 수익도 상당할 것이다.

게임 유튜버로 시작해 400만 구독자를 달성한 '보겸 BK'도 아이들의 워너비 채널 중 하나다. 게임 '리그오브레전드' 전문 BJ로 활동하다 유튜브에 하이라이트 영상을 올리면서 유튜브에서 무섭게 성장한 채널인데, 평균적 외모에 수더분한 말투나 특별히 튀지 않는 행동들이 폭발적 반응을 얻었다. 자신의 수익을 공개하는 영상도 화제였는데, 조회수가 130만 회를 달성하기도 했다.

　'진용진' 채널은 구독자가 187만 명이다. 그가 올리는 영상은 '어른들이 말하는 호적 파버린다 실제로 가능할까?', '과자 뒷면이나 각종 이벤트 경품들 받은 사람이 있는 걸까?', '라면스프는 도대체 뭐로 만들까?' 등 많은 사람의 궁금증을 풀어 주는 영상이다. 그 때문에 조회수는 올렸다 하면 100만 회를 족히 넘는다.

　이제는 유튜버가 아예 엔터테인먼트 회사처럼 운영되기도 하는데, 가장 유명한 사람이 바로 초통령 '도티'다. 도티와 이필성 대표는 지난 2015년 공동창업을 해 '샌드박스'라는 회사를 차렸다. 샌드박스는 사실 게임 장르의 일종인데, 본인이 샌드박스 게임류로 유명하다 보니 이렇게 이름을 지은 것 같다.

　이 샌드박스가 바로 유명 유튜버들이 대거 소속된 MCN(다중 채널 네트워크) 기업이다. 구독자 250만여 명을 보유한 '초통령' 도티를 비롯해 유튜버 풍월량, 라온, 엠브로 등과 방송인 유병재가 속해 있고, 키즈·게임·먹방·음악·예능 등 다양한 분야의 크리에이터 300여 팀이 유튜브 구독자 1억여 명을 확보하고 있다. 월평균 영상 조회수는 23억 회에 달한다.

그 외에 먹방도 유행인데, 몇 사례만 보더라도 유튜버는 특별히 만들어진 사람이 아니라 바로 우리 주변에 있는 평범한 사람들이라는 점이 특징으로 꼽힌다. 샌드박스에 들어가서 유튜브를 시작한 사람도 유명인보다 일반인인 경우가 더 많다.

이처럼 우리 주변에 있는 사람들이 유튜브를 시작해 인기를 얻고 어마어마한 수익을 벌어들이니 엄마의 기대와는 달리 유튜버가 되겠다고 하는 학생들이 많다. 인기 스타 배슬기 씨가 결혼 소식을 전했는데 그 배우자가 유튜버라는 소식에 젊은 친구들은 유튜브를 하면 연예인과 결혼도 할 수 있다는 희망도 갖게 됐다.

한 중학생에게 "왜 유튜버가 좋으니?"라고 물으니 "아이돌은 너무 멀지만 유튜버는 주변에 있잖아요. 가깝게 만날 수 있잖아요."라고 대답했다. 당장 게임을 시작해 유튜브로 방송하거나 먹방을 찍어 올리거나 그 외에도 자신들이 영상을 만들 수 있으니 접근성이 좋다는 것이다. 그러니 아이들은 힘들게 공부해서 간 대학을 졸업해도 취업이 어려운데 처음부터 유튜브 크리에이터가 되겠다고 하는 것이다.

이 같은 현상은 예전에도 있었다. 유튜브가 유행하기 전에는 대학을 가느니 공무원 시험을 보겠다고 하는 학생들이 꽤 있었다. 고등학생 때부터 입시를 준비하지 않고 공무원 시험에 올인하는 것이다. 엄마들이 공무원 시험을 보겠다고 하는 학생을 말릴 이유는 없다. 자녀가 공무원 시험을 보겠다며 공부하는데 말릴 엄마가 있겠는가.

그런데 유튜브는 상황이 다르다. 공부를 배제하고 대학도 가지 않고 직업으로 유튜브를 하겠다고 하니 엄마 입장에서는 속이 터질 일인 것이다. 그러나 여러 사례를 보듯이 유튜브로 돈을 버는 사람이 있다는 것도 사실이고 포스트코로나 시대에는 '언택트', 즉 온라인으로 만나기 때문에 그냥 말릴 일도 아닌 것이다. 엄마는 어떤 선택을 해야 할까? 그 고민에 대한 답을 하나씩 풀어 가 본다.

유튜브,
누구나 성공할까?

　하루에 올라오는 유튜브 영상을 보려면 무려 82년이 걸린다고 한다. 단 1분 안에 올라오는 영상이 500시간 분량이니 24시간을 기준으로 한다면 그럴 만하다. 영상이 이렇게 많이 올라오는 것은 인터넷이 곧 유튜브라고 불릴 정도로 사람들이 유튜브를 많이 보기 때문일 것이다. 그만큼 관심이 많다는 뜻이다.

　사실 유튜브 영상 하나가 가지는 파급력은 '어메이징(amazing)'하다. 국내에서 올린 영상이 국내에서만 소비되는 것이 아니라 전 세계로 뻗어 나가기 때문이다. '보람튜브'가 가장 대표적인 예이다. 영어 자막까지 있어서 국내 어린이뿐만 아니라 전 세계 어린이가 시청하는 프로그램이 되었다. 전 세계적인 히트를 치고 나자 다음 단계로 강남 건물을 샀다. 이 사실이 알려지자 너도나도 유튜브에 뛰어들었다. 그런데 유튜브, 영상을 올린다고 해서 모두 성공할까?

유튜브가 인기를 끌자 연예인들도 본격적으로 유튜브를 하기 시작했다. 방송 인지도를 기반으로 영상을 업로드하면 조회수가 잘 나올 것 같지만 현실은 그렇지 않다는 점에서 연예인들은 충격을 받았다. 그야말로 '유튜브 쇼크'다. 결국 무조건 동영상을 올린다고 해서 성공하는 것이 아니라는 것이다.

채널이 성장하지 못하는 이유 중 하나는 업로드한 영상이 부족하거나 영상 자체가 흥미를 끌지 못하기 때문이다. 그렇다면 성공하는 유튜브 채널은 어떤 특징이 있을까? 주제마다 편차가 있지만 여기서는 엄마들의 고민을 중심으로 이야기하기 때문에 특정해서 설명해 보도록 하겠다.

우선 첫 번째로는 주제가 일반적이다. 이 말은 공감대가 넓다는 뜻이다. 두 번째로는 공감대가 넓다는 것은 유튜버가 경험이 많다는 의미이다. 특별한 경험이 아니더라도 일상에서 경험한 것을 토대로 전달하기 때문에 거부감이 없다는 점에서 시청자층이 넓다고 할 수 있다.

세 번째 특징이 바로 엄마들이 아이에게 반드시 알려야 하는 내용이 담겼다는 것이다. 유튜브에 영상을 올리는 사람은 유튜버가 직업이 아니다. '유튜버가 직업이 아니다.'라는 것이 무슨 말이냐? 처음부터 유튜버가 되겠다고 시작한 것이 아니라는 것이다. 유튜브에 영상을 올렸는데 그 영상이 화제가 되고 수익을 벌어다 주니까 유튜브를 하는 것이지 처음부터 유튜브를 염두에 둔 것이 아니라는 것이다. 예를 들어 기자, 의사, 소설가, 만화가, 선생님, 변호사 등이 있다.

나 또한 마찬가지인데, 변호사로서 활동하고 나서 종편 등 TV에 나가 꾸준히 패널로 활동했다. 여기서 알게 된 지식들을 영상으로 찍어 10분 내외의 짧은 형태의 동영상을 만들었고 이를 업로드하기 시작했다. 구독자가 없을 때부터 시작해 약 1년 반 만에 80만 구독자가 되었는데, 그사이에도 변호사 업무를 계속해 오고 있다. 같은 업을 하는 한문철 변호사 같은 경우에도 '한문철 TV'라는 이름의 유튜브를 시작했는데 '블랙박스'라는 본인만의 아이템으로 구독자 81만 명에 이르렀다.

이처럼 본인의 직업이 있는 경우에는 유튜브를 하면 자신만의 경험을 공유하기도 하고 전문적인 지식을 공유하기도 하면서 영상의 내용이 많아지고 콘텐츠가 꾸준해진다. 직업을 가지지도 않고 특별한 사회 경험도 없는데 유튜브를 하다 보면 조회수를 올리기 위해서 자극적인 소재를 찾을 수밖에 없다. 일부 BJ나 유튜버가 변기의 물을 먹거나 아주 매운 음식을 먹거나 위험한 행동을 하는 것이 뉴스에 보도되는 것을 보면 쉽게 이해할 수 있다.

유튜버가 되고 싶은
우리 아이

　아들을 둔 엄마들은 아들이 공부는 뒷전이고 '게임'만 하는 상황
이 고민일 것이다. 이것은 이제 아들을 가진 엄마들만의 고민이 아
니다. 요즘은 남녀를 가리지 않고 게임에 빠지기 때문에 딸을 둔
엄마도 함께 하는 고민이다.

　최근 게임들은 엄마 세대가 즐겼던 단순한 게임이 아니라
'AOS(Aeon of strife)'라고 한다. 쉽게 설명하면 끝이 없는 게임, 하
루 종일 레벨을 올려야 하는 게임, 여러 명이 함께하면 더 즐거운
게임을 말하며, 게임을 하는 시간 자체가 무한대다. 단순한 축구
게임도 마찬가지인데 '피파 온라인'도 접속 시간 대비 레벨이 올라
가 많은 시간을 게임에 할애해야 한다. 최근 온라인 게임의 흐름
이 그렇다.

아마도 자녀들이 엄마에게 공부를 하지 않고 유튜브를 하겠다고 할 때 '게임 유튜버'가 되겠다고 하는 경우가 많을 것이다. 게임 유튜버를 한 번이라도 검색해 본 엄마들이라면 아마 영상 길이가 10분도 안 되는데 이걸 왜 할까 생각했을지도 모르겠다.

그러나 게임 유튜버들은 종일 게임 하는 영상을 실시간으로 방송한다. 주로 '아프리카TV'를 통해서 하는데 유튜브로 하는 경우도 종종 있다. 하루에 10시간 이상 게임을 실시간으로 중계하고 그 10시간짜리 영상을 10분으로 압축 편집해서 유튜브에 서브 개념으로 올리는 것이다. 따라서 게임 유튜버가 되겠다고 하는 것은 종일 게임을 하겠다는 것으로 이해해도 좋다. 물론 100% 그런 것은 아니지만 그럴 가능성이 높다는 것이다.

그렇다면 엄마는 무작정 게임을 말려야 할까? 아니면 아이에게 미래의 최고 직업으로서의 유튜브 활동을 잘할 수 있도록 격려해야 할까?

앞서도 언급한 초통령 '도티'를 예를 들겠다. 엄마들은 유튜브로 버는 돈이 얼마나 되나 싶겠지만 도티가 만든 '샌드박스' 회사는 연 매출이 무려 600억 원에 달한다. 이 매출은 KBS〈사장님 귀는 당나귀 귀>라는 프로그램에서 도티가 직접 밝힌 것인데, 실제 매출은 600억 이상으로 추정된다. 단순 유튜브 광고 수익만 있는 것이 아니라 유튜브로부터 파생되는 수익, 예를 들어 강연료, 방송 출연료, 굿즈 판매 수익 등 오프라인으로 벌어들이는 것도 만만치 않기 때문이다.

문제는 '내 아이가 게임을 잘해서 도티가 될 수 있는가?' 하는 점이다. 사실 도티(본명 나희선, 86년생)는 연세대학교 법학과 출신이다. 처음엔 게임 BJ의 시청자로 등장했는데, 이후 아프리카TV에서 게임 BJ를 시작해서 2014년에는 아프리카TV 베스트 BJ로 선정되었다. 유튜브는 2013년 10월 6일 시작했는데, 2014년 5월 28일에 구독자 10만 명을 달성하고 2015년 11월 12일에는 구독자 50만 명 달성했으며, 2016년 7월 28일에 한국에서 11번째로 구독자 100만 명 달성했다. 2020년 현재 구독자는 250만 명에 이르고 본인 채널을 포함해 아예 유튜버를 키워 내는 회사를 설립해 연 매출 600억 원 이상의 수익을 내는 국내 유튜브계의 큰손이 되었다.

도티 채널의 구독자는 굉장히 빠르게 늘었는데, 그 계기가 어린 층의 시청자들의 유입이었다. 2016년에 유튜브 사용량도 증가하면서 많은 세대가 유튜브를 접하게 되었는데, 기존에 5060 세대가 정치 유튜브를 보던 것 이외에도 일반인 시청자가 폭발적으로 늘었던 시기다.

그렇다고 도티가 단순히 어린층의 시청자가 유입돼서 구독자가 증가한 것은 아니다. 다른 유튜버들은 게임 영상이 1편, 2편으로 나뉘고 장기 콘텐츠가 대부분이었지만 도티는 단순하고 간단한 단편 동영상과 상황극 같은 어린이들의 인기를 얻는 데 좋은 콘텐츠들을 많이 업로드하였다. 도티는 유튜브의 특징을 정확히 파악하고 니즈에 맞는 영상을 올려 폭발적인 성장을 한 것이다.

유튜브를 통해 유명해지면서 이후 TV 예능프로그램에도 출연해 이름을 알렸고, 도티의 이야기는 대중에게 성공 신화로 각인되었다. 또한, 도티가 공동창업한 샌드박스는 2020년 5월 5일 어린이날을 기념해 청와대와 함께 게임 '마인크래프트'를 활용한 5분 30초 길이의 '어린이날 청와대 랜선 특별 초청' 영상을 제작했다. 그 인지도와 인기가 어느 정도인지 가늠할 수 있을 것이다.

유명해진 뒤에 도티를 알게 된 사람들은 그가 그저 게임만 해서 유명해졌다고 착각할 수 있다. 그러나 도티는 한국 유튜브 내 유치원생, 초등 저학년생을 정확하게 타깃층으로 잡아 욕설 없는 깨끗한 방송을 만들어 냈다. 그런 분석과 매일 업로드하는 노력과 열

정으로 지금의 자리에 올라오게 된 것이다.

　전문직을 가지고 유튜브를 시작하는 경우도 많다. 변호사, 의사, 회계사, 세무사 등 각자 자신의 전문 분야를 쉽게 설명하거나 전형적인 모습과 반대되는 의외의 모습을 보여 주면서 시청자의 관심을 끌어 성장하는 유튜브 채널도 있다.

　'닥터프렌즈'라는 채널은 인하대 의대 출신 전문의 이낙준과 우창윤, 고려대 의대 출신 전문의 오진승, 이 세 사람이 의학 전문 지식을 동네 형처럼 풀어 주면서 의학 콘텐츠 분야에서 가장 주목받고 있는 채널이다. 채널 개설 2년 만에 구독자가 64만 명에 이를 정도로 구독자가 폭발적으로 늘었다. 닥터프렌즈의 아이디어 뱅크는 단연 이낙준 전문의다.

　이낙준(85년생)의 아버지는 서울대 음대를 나왔고, 어머니는 서울대 치대 출신 치과의사로 알려져 있다. 본인은 인하대학교 의과대학을 졸업해 전문의가 되었다. 공부를 잘하는 것은 두말할 것도 없지만 그가 다른 의사와 달리 유명해진 것은 다름 아닌 웹소설 때문이다. 누적 다운로드 수 1,500만 회를 돌파한 그의 소설은 『중증외상센터 골든아워』 시리즈로 출간되어 더욱 화제가 되었다.

닥터프렌즈로 유명해지면서 다시금 웹소설까지 오프라인으로 출판되며 계속 유명해지고 있는 것이다.

유튜브는 그 특성상 영원하다고 할 수 없다. 모든 직업이 평생 직업이 될 수는 없지만 유튜브는 그 생명이 더 짧다고 할 것이다. 방송의 소재가 무한할 수 없기 때문에 어느 시점에는 반드시 한계가 온다. 물론 시사, 정치 등 매일 새로운 기삿거리를 논평하는 정치 유튜브는 소재의 한계는 없다고 할 수 있지만 특수한 경우를 제외하고는 소재의 한계가 반드시 온다.

또한, 유튜브를 본업으로 하기에는 리스크가 크다. 엄마가 아이에게 설득해야 할 부분은 바로 이 지점이다. 유튜브를 하면서 많은 사람과 공감대를 형성하려면 일단 본인이 평범한 일상을 겪어야 한다. 하기 싫은 공부도 해 보고 남들 가는 대학도 가 보고 직업도 가져 보면서 그 안에서 공유할 수 있는 이야기를 유튜브 소재로 끌어내거나 혹은 전문적 지식을 공유하며 부업의 수준에서 시작하는 것이 리스크를 줄이는 것이다. 반대로 말하면 그 방법이 어쩌면 평생 유튜브를 할 수 있는 원동력이 되는 것이다. 현명한 엄마라면 아이에게 이런 부분을 숙지시켜 주는 것이 필요해 보인다.

성공한 유튜버의
뜻밖의 고민

유튜브 채널 '과학드림'을 운영하는 유튜버 김정훈(36세) 씨. 구
독자가 36만 명에 이르는 채널로 '바나나는 씨가 없는데 어떻게 재
배할까?', '기생충은 왜 개구리 다리를 이렇게 만들었을까?'처럼 생
활 속에서 한 번쯤 궁금했을 것 같은 주제, 대중의 지적 호기심을
자극하는 주제를 동영상으로 만들어 업로드하고 있다.

사실 김정훈 씨는 모 과학잡지 기자 출신인데 기자 일과 유튜브
채널 운영을 병행하다 아예 유튜버가 됐다. 기자로 일할 당시 편집
장한테 발제했다 기사로 나가지 못했던 주제를 모았다가 이를 동
영상으로 만들어 유튜브에 올린 것이 계기가 됐다.

그는 언론과 인터뷰에서 기자 시절 '까였던' 주제가 지금의 인기

를 얻는 무기가 됐다며 "발제했는데 편집장님이 잘랐던 주제들이 있거든요. 특히 공룡 주제가 그랬어요. 이 주제들이 유튜브에서 잘 터졌던 거 같아요."라고 밝혔다(지디넷코리아, 2020. 7. 22).

그는 시청자층을 중고등학생으로 타겟팅했는데, 초등학생들이 볼 수 있는 과학책이나 관련 정보들은 많은 반면에 중고등학생은 오히려 과학책이 적다는 점에서 착안한 것이다. 그 결과 100만 조회수가 넘는 '초거대 상아 메갈로돈은 왜 멸종했을까?', '사람을 먹으면 안 되는 매우 과학적인 이유', '인간은 고양이를 어떻게 길들였을까?', '왼손잡이는 왜 오른손잡이보다 적을까?' 등의 히트작이 탄생하였다.

그는 처음부터 유튜브를 하겠다고 한 것이 아니라 직장 생활을 하면서 커리어용으로 유튜브를 제작했는데 회사를 위한 동영상을 만들어 봤자 자신에게 크게 도움이 안 된다는 생각이 들어 회사를 그만두고 유튜버로 전업했다고 한다. 반 년 만에 유튜브 10만 구독자를 확보하고 현재는 30만 구독자를 넘는 김정훈 씨는 뜻밖의 고민을 털어놨다.

"외로워요. 진짜 외로워요. 대부분의 지식 콘텐츠를 다루는 분들은 대부분 외롭다고 느끼실 거라 생각해요. 말할 사람도 없고, 밥도 혼자 먹고, 편집도 혼자 하고, 새벽까지 혼자 갇혀서 묵묵히 일할 때도 많거든요. 중견기업에서 대기업 중간 정도의 돈을 벌고 있긴 하지만, 사실 늘 불안해요. 왜냐하면 롤러코스터처럼 수익의 업다운이 크기 때문이에요. 내가 언제까지 할 수 있을까? 이런 고민을 늘 하게 돼요(지디넷코리아, '회사서 킬한 기사, 유튜브로 한 풀었죠', 2020. 7. 22)."

'블랙박스' 하면 떠오르는 한 사람, 바로 한문철 변호사다. 국내에서 처음으로 '교통사고 전문 변호사'라는 타이틀을 내건, 변호사계에 획을 그은 인물이다. 고등학교 때 아버지의 사업이 망해 한 변호사는 고등학교 때부터 중학생 과외를 해서 동생 4명의 학비를 댔고 서울대 법대에 들어가서도 책 장사, 샌들 장사까지 했다. 공부를 잘했던 그는 1988년 사법연수원(17기) 수료 후 공군 법무관으로 군 복무를 시작했다. 중위 때 월급이 50~60만 원 정도였는데 먹여 살려야 할 식구를 생각하며 돈을 벌기 위해 뭐든 해야겠다고 마음먹었다. 마침 출판 관련 일을 하던 아내가 출판을 하면 어떻겠냐고 제안해 아내의 소개로 법률 서적을 많이 내던 청림출판을 찾아갔다.

당시에는 올림픽도 있었고 현대자동차가 본격적으로 자동차를 생산해 내면서 본격적으로 '마이카 시대'가 열리던 시절이었다. 자동차가 보급될 무렵이기에 자동차 사고가 필연적으로 늘 수밖에 없었는데, 출판사를 찾아간 한 변호사는 교통사고 법률 지식 책을 내면 어떨까 하는 생각이 들었다.

당시에는 등록된 자동차 수도 많지 않았기 때문에 관련 법률책은 찾기 어려웠고 있다면 일본 책을 번역한 번역서 정도만 있었다. 한 변호사는 대법원 판례를 뒤지고 뒤져 1989년 『교통사고의 법률 지식』이라는 책을 냈다. 이 책은 대히트를 쳤다. 한 변호사는 그때가 바로 지금의 한문철을 만든 결정적 순간이라고 기억한다.

그 후 여기저기 방송에 출연하면서 이름을 알린 한 변호사는 2011년쯤 우연한 기회에 몇몇 방송사에서 자동차 블랙박스 영상을 보여 주며 의견을 묻는 것을 보고 '아, 이거 방송 아이템이 되겠다.'라고 생각해 당시 출연 중이던 MBN에 코너를 만들어 보는 게 좋겠다는 이야기를 했다고 한다. 한 변호사의 이야기를 들은 MBN은 2012년에 〈한문철의 블랙박스〉란 코너를 만들어 방송을 했는데 이게 또 대히트를 쳤다.

한 변호사는 여기서 한발 더 나아가 자신이 자체적으로 제보를 받으면 앞으로 아이템 걱정은 안 해도 될 것 같아서 2012년 7월부터는 자신의 홈페이지에 '블랙박스 제보 코너'를 만들었다. 그 제보 덕분에 지금의 유튜브 '한문철 TV'가 탄생한 것이다.

한 변호사는 하루에 두 번 유튜브 생방송을 통해 제보된 블랙박스 영상을 보여 주면서 사고의 원인과 책임 비율을 쉽게 설명해 준다. 끊임없는 제보와 많은 사람의 관심을 받는 이 유튜브 채널은 계속 성장 중인데, 한 변호사는 조선일보와의 인터뷰("난 '흙수저' 중에서도 잡토… 달리 사니 블랙박스가 보였다", 2020. 8. 29.)에서 뜻밖의 말을 했다.

"제 직업은 변호사지 유튜버가 아니에요. 직업으로 유튜버를 하면 안 됩니다. 절대 말려야 해요. 개인 유튜버는 한계가 있어요. 아무리 유명한 유튜버도 아이템 고갈될까 봐 고민하잖아요. '먹방' 유튜버도 수박 몇 통 계속 먹을 수도, 자장면 열 그릇 연거푸 먹을 수도 없어요. 저는 운이 좋고 특이한 경우예요. 제보 영상이 끊임없이 올라오니 유튜브에 최적화된 콘텐츠죠."

한문철 변호사는 유튜브 수익만으로도 한 달에 5,000만 원 정도를 벌고 있다. 그는 방송팀 직원 7명을 고용하고 있어 유튜브 수익으로는 크게 이익이 남는 것은 아니라고 하면서 성취감을 위한 취미 생활에 불과하다고 선을 그었다.

이렇게 본다면 유튜브를 직업으로 하는 것이 얼마나 불안정한 것인지를 알 수 있다. 아이에게 막연히 유튜브를 하지 말라고 할 것이 아니라 이런 점을 지적하면서 일단 학교 공부를 할 수 있도록 유도하는 것이 현명한 엄마의 자세일 것이다.

구독자와 조회수,
어떻게 늘지?

2005년 스물다섯 살 청년 자베드 카림은 미국 샌디에이고 동물원의 코끼리 우리 앞에 서서 "코끼리 코가 참 길다."라는 별 의미 없는 멘트를 날리며 19초짜리 동영상을 찍었다. 그러고는 동료들과 함께 만든 '유튜브'란 사이트에 올렸다. 그것이 유튜브의 시작이었다. 세 명의 젊은이가 가벼운 마음으로 개발한 이 동영상 플랫폼은 비약적 성장을 거듭했고, 세계인의 유튜브 시청 시간은 하루 10억 시간으로 증가했다.

유튜브에는 음악, 정치, 자동차, 게임, 음식, 취미 등 갖가지 주제로 찍은 영상이 끊임없이 올라온다. 이 영상 중에 극히 일부가 히트를 치고 스타가 된다. 그리고 천문학적인 액수의 돈을 버는 직업상 '크리에이터', '유튜버'가 탄생한다. 그런데 유튜브 시청자들은 어떻게 영상을 찾아보게 되는 걸까?

시청자가 유튜브에 접속하고 나서 하나의 영상을 클릭하고 시청하면 곧바로 추천 동영상이 뜬다. 예를 들어, 자동차 관련 영상을 한 번 보고 나면 관련해서 자동차 리뷰, 자동차 분석, 자동차 광고, 인기 스타가 운전하는 모습 등 자동차와 관련된 온갖 동영상이 추천된다. 이를 본 시청자는 자신도 모르게 다음 영상을 클릭하게 되는데, 이렇게 끊임없이 시청하게 만드는 유튜브의 힘이 바로 '유튜브 알고리즘'이다.

유튜브 알고리즘은 구글 엔지니어들과 인공지능(AI)이 개발해 낸 것인데, 이 알고리즘의 원리는 정확하게 분석된 것이 없다. 딱 한 가지, '수익 극대화'에 초점이 맞춰져 있다는 것만 알려져 있을 뿐이다. 유튜브 최고경영자(CEO) 수전 워치츠키는 한 언론과의 대담에서 "유튜브는 광고주가 우선이며 그 다음이 크리에이터, 마지막이 시청자"라고 했다. 유튜브가 어떤 영상을 주로 우대해 시청자에게 제공하는지 명확하게 보여 주는 발언이라고 할 것이다.

유튜브 알고리즘은 결국 시청자가 관심 있으면서도 광고주에 친화적인 영상을 추천함으로써 시청을 유도하는 것으로 요약할 수 있다. 그런 영상들 중 조회수가 많은 영상은 다시 추천되면서 스타 유튜버가 탄생되는 것이다.

97만 구독자를 보유한 유튜브 채널 '신사임당'을 운영하는 주언규 씨는 SBS미디어넷과 한국경제TV 증권팀 PD 출신이다. 그는 처음부터 유튜브를 하겠다고 시작한 것이 아니라 한국경제TV PD로 일하다가 쇼핑몰 사업에 뛰어들었는데 사업이 망할 수도 있으니 재취업을 위한 경력을 만들기 위해서 동영상을 만들어 유튜브에 올리기 시작했다. 그간 동영상을 만들고 있었다는 이력이 있어야 다시 PD로 재취업이 가능할 것이라는 판단에서 시작한 것이었다.

주언규 씨는 2016년에 유튜브를 처음 시작했는데 당시에는 게임, 육아, 인테리어 등 각각 다른 주제를 가지고 채널 4~5개를 운영했지만 별 반응이 없었다고 한다. 그 뒤로 한경TV에서 일할 때 증권부에서 근무한 경험으로 인터뷰 영상을 찍게 됐고, 그 영상을 올리기 위해 재테크 채널 '신사임당'을 만들었는데 이 채널이 시작한 지 두 달 만에 구독자 수 10만 명을 달성했고 이와 함께 100만 조회수 동영상이 터지며 스타로 급부상했다.

그는 하루에 하나씩 영상을 올리고 있는데, 자막도 없고 편집도 크게 신경 쓰지 않지만 인터뷰 내용에 상당히 신경을 쓴다. 그렇게 매일 하나씩 올라오는 영상의 조회수가 20~30만 정도이고 한 달 조회수는 700만 정도다. 주언규 씨가 밝힌 유튜브 수익은 월 5,000만 원 정도인데 쇼핑몰과 투자 수익을 합하면 월 1억 원을 번다고 한다. 그런 그도 유튜브는 혼자서 기획, 인터뷰, 편집 등 모든 일을 해 인건비도 절약하고 있다.

그가 지적하는 유튜브 특징은 유튜브는 네이버와 달리 검색을 해서 찾아 들어오는 경우는 거의 없다는 것이다. 네이버는 애초에 검색을 위주로 사용자가 적극적으로 정보를 찾는 경우인데, 유튜브는 반대로 유튜브가 찾아서 시청자에게 영상을 추천해 준다. 그런데 문제는 이 알고리즘에 의한 추천이 자주 변하고 누구도 파악할 수가 없다는 것이다.

주 씨는 최근 유튜브 사용자가 기하급수적으로 많아지면서 동영상과 유튜버가 많아지는 만큼 영상 간 경쟁도 치열해졌다며 유튜브에서 성공하기가 쉽지 않음을 밝혔다. 또한, 알고리즘에 의해 영상이 연관돼 추천되기 때문에 시청자로서는 주제에 대한 피로도도 상당해 아무리 재미있어도 어느 순간 한계점에 봉착하게 된다고 지적했다. 그런 점에서 유튜브를 단순히 동영상을 만들어 올리는 작업으로 생각하면 직업으로서 유튜브 채널 운영은 쉽게 포기하게 될 것이다.

아이가 유튜브를 하겠다고 하는 것은 이러한 진지한 고민 없이 툭 내뱉는 것이다. 아이는 아직 학교 밖 세상을 경험해 보지 못했다. 유튜브로 동영상을 보고 단순한 호기심에 '나도 유튜브 해 볼까?' 하는 생각을 하고 있는 것이다.

유명 유튜버들의
몰락

　최근 유튜브에는 '사과 영상'이 쏟아지고 있다. 인기동영상을 쭉 살펴보면 죄다 '죄송합니다' 일색이다. 도대체 무슨 사과인가 싶어 영상을 클릭하니 바로 유튜브 '뒷광고'에 대한 사과다.

　'뒷광고'는 유튜브 동영상을 만들 때 돈을 받고 제품이나 브랜드를 홍보하면서도 이를 고지 않는 것을 뜻한다. 논란의 시작은 스타일리스트 한혜연 씨와 가수 강민경 씨 등 방송인 출신이 '내돈내산', 즉 내 돈 주고 내가 사서 써 본 광고나 협찬 아닌 '찐후기'라면서 올린 동영상이 알고 보니 업체로부터 수천만 원의 돈을 받고 한 기만적 광고였다는 점이 알려지면서부터였다. 그런데 이 논란이 인기 연예인뿐만 아니라 '스타 유튜버'에게까지 퍼진 것이다.

공중파 등 방송에 출연하지 않고 오직 유튜브만 운영하는 유튜버에게까지 왜 뒷광고를 했느냐며 구독자들의 항의가 이어지자 유튜버들이 '죄송합니다' 영상을 올리기 시작한 것이다. 사실 유튜브 뒷광고는 어제오늘 일이 아니다. 인터넷 포털에 기사를 검색하다 보면 이게 기사인지 광고인지 헷갈리는 기사도 많다. 블로그 운영자가 업체로부터 돈을 받고 후기를 쓰는 일도 허다하다. 그런데 유독 유튜버들에 대해서 후폭풍이 거세게 불고 있다. 그 이유가 무엇일까?

한 전문가는 유튜버는 구독자 및 시청자와 직접 소통할 수 있고 채널 커뮤니티를 통해 그들과 유대하고 굳건한 신뢰를 갖게 되는데, 유튜버가 거짓 없이 정직하게 제품을 소개해 왔다고 믿었던 구독자로서는 배신감을 크게 느끼는 것이라고 분석했다. 유튜버 개인에게 몰입하는 유튜브의 특성이 팬덤 확산에 기여한 측면도 있지만 동시에 강력한 반발로 이어진 측면도 있다는 것이다.

특히 2030 세대가 가장 중시하는 공정성에 대한 인식도 큰 영향을 미친다고 전문가들은 분석한다. 청년 세대는 공정하지 않은 상황에 대해 문제제기를 하는 경우가 많다. 대학 입시에서의 부모의 영향력, 공정하지 않은 허위 스펙, 취업에서의 불공정 정규직화(인

국공 사태 등), 의대 입학에서의 시민단체 추천 논란 등 불공정에 대해서는 아주 민감하게 반응하고 문제를 해결하려고 적극적인 행동을 한다. 그 결과 유튜버들의 기만적 광고, 뒷광고에 대해 거세게 항의하게 된 것이다.

한때는 먹방 하면 '밴쯔'였다. 구독자 230만 명에 이르는 대형 채널을 운영하는 밴쯔는 마른 체격임에도 불구하고 엄청난 식성을 자랑하는 먹방으로 화제를 모았다. 성실하고 건강한 청년 이미지로 인기를 얻으면서 JTBC 〈랜선라이프〉에 출연해 전국적으로 알려진 인물이다. 그는 2017년 '잇포유'를 설립해 다이어트 식품을 판매하면서 건강과 관련된 헬스 사업도 하려고 했다. 그러던 중 2019년 허위·과장광고를 한 혐의로 기소되면서 활동에 제동이 걸리기 시작했다.

구독자와 시청자가 결정적으로 등을 돌린 것은 허위·과장광고 그 자체가 아니라 그가 재판을 대하는 태도였다. 허위광고와 관련해 1심 재판을 받는 내내 "제 제품 사용자가 작성한 글을 토대로 만든 광고를 회사 SNS에 올린 것이다. 이게 처벌받는 이유가 된다는 것에 대해서는 조금 더 생각해 볼 필요가 있다."라며 억울함을 호소했고 유죄 판결 후에도 자숙이나 사과 없이 방송을 강행했다.

게다가 그동안 보여 줬던 성실하고 건강한 이미지가 아닌 욕설을 사용하는 등 폭력적인 모습으로 콘셉트를 전환해 시청자들에게 큰 충격을 준 것이다.

이에 구독자도 빠져나가고 조회수가 폭락하자 그는 2020년 1월 "죄송하다. 욕 먹는 게 무서워서 그랬다."라며 사과 방송을 올렸다. 그런데 그 사과 방송에서도 머리를 땅바닥에 박는 모습을 보여 줘 시청자를 더욱 당혹스럽게 만들었다. 이후 영상 업로드를 중단했던 밴쯔는 항소심 판결 후 사과문을 다시 올리면서 복귀했다. 그러나 조회수는 턱없이 추락했다.

그러자 그는 또다시 아프리카TV에서 방송하는 '철구'를 찾아가 합동 방송을 하며 바닥에 무릎을 꿇고 사과하며 통장 잔고까지 공개했다. 하지만 그의 과거 명성은 되찾기 어려워진 것이 사실이다.

1세대 유튜버들의 흥망성쇠를 볼 수 있는 시점이 왔다. 유튜브의 특성상 한 채널을 지속적으로 꾸준히 보기는 어렵다. 유튜브는 새로운 영상이 매일 업로드되고 비슷한 주제의 영상이 시청자에게 자동으로 추천되기 때문에 한 채널을 영구적으로 시청할 수는 없는 것이 당연하다. 따라서 이를 직업으로 갖는다는 것은 굉장히 깊게 고민해 볼 문제인 것이다.

새로운 패러다임을
맞이하며

유튜브를 운영한 지 2년 정도 되었다. 이제는 변호사보다 크리에이터로 소개받는 것이 더 당연해졌을 정도이다. 그만큼 세상의 변화 속도가 빠르다. 코로나 사태 이후 세상은 더욱 빠르게 변화하고 있다.

아이를 키우는 엄마 입장에서도 시대가 변화하면서 아이에게 책만 읽으라고 강요할 수 없게 되었다. 엄마들은 아이에게 유튜브를 보여 주면서 해방감을 느끼면서도 한편으로는 죄책감을 느끼고 있다. 그러나 죄책감을 느끼기에는 세상이 너무 빠르게 변화하고 있다. 유튜브 없는 세상을 상상할 수 없기 때문이다. 우리 아이들은 유튜브를 통해 세상을 접했다. 그런 유튜브를 보지 말라고 할 수도 없다.

아버지들은 직장이 없어지고 있다. 이제는 출퇴근도 필요 없는 직업이 생겨나고 있다. '나의 전문 지식을 활용하기 위해서는 어떤 플랫폼을 이용해야 할까?', '유튜브를 통해서 새로운 직업을 구할 수는 있을까?' 하는 신종 고민이 생겼다.

자녀들은 유튜버가 되겠다고 한다. TV에 나오는 아이돌보다 유튜브에 나오는 유튜브 스타가 더 가깝게 느껴진다. 아이들이 학업을 제쳐 두고 유튜브만 하도록 하는 것이 옳을까?

앞에서도 설명했지만 유튜브를 처음부터 본업으로 생각하고 시작하는 것은 리스크가 너무 크다. 변호사 등 전문직이 유튜브를 하는 경우에도 수익이 일정치 않고 콘텐츠도 무한대가 아니기 때문에 전업을 권하지 않는다. 그렇다고 자녀에게 무조건 유튜브를 하지 말라고 하는 것도 해결책은 아니다.

현명한 엄마라면 무조건 하지 말라고 말리는 것보다는 유튜버라는 직업에 대해서 좀 더 알아보고 이를 토대로 정확한 정보를 제공한 뒤에 아이의 선택에 맡길 것이다. 더 현명한 엄마라면 직업으로서의 유튜버로 시작하기보다는 취미로 영상을 만들어 올리게 해서 아이에게 현실을 알려 줄 것이다.

내가 변호사를 시작할 때만 하더라도 유튜브라는 앱으로 돈을 벌 수 있으리라고는 상상도 못 했다. 유튜브라는 것을 접한 지도 불과 3년밖에 되지 않았다. 그러나 두려워하지 않고 새로운 매체에 도전한 것이 지금에 이르게 되었다. 세상은 빠르게 변화하고 있다. 이런 변화를 무시하고 예전 방식대로 아이를 설득할 수 없는 것이다.

아마도 우리 아이들은 불과 몇 년 후에 급변화된 사회를 맞닥뜨릴 것이다. 학교 제도의 근본적인 변화가 나타나 6·3·3 공식도 깨질 수 있다. 이런 사회에 우리 아이가 적응하지 못하고 뒤처지지 않으려면 유연한 사고방식을 가지고 있어야 한다. 결국 강압적인 방식으로 아이를 훈육하는 시대는 끝난 것이다. 아이에게 미래에 고기 잡는 법을 알려 주기 위해서라도 엄마도 함께 공부하고 배워 나가야 한다.

온 가족이 유튜버가 되고 싶어 하는 새로운 세상이 왔다. 그 과정에서 나의 구독자들에게 부족하게나마 정보를 주고 싶어 이 책을 쓰게 되었다. 앞으로의 미래는 '언택트' 시대이다. 그 미래에 우리가 앞으로 어떻게 대처해야 하는지 개략적으로 살펴보았다. 모두가 유튜버를 꿈꾸지만 리스크가 너무 크다. 유튜브를 하기 위해서는 다시 처음으로 돌아가 스스로 많은 지식을 쌓아야 한다. 그 점을 말하고 싶었다.

구독자 여러분께 항상 감사의 말씀을 드리며 이 책을 바친다.